はじめての英語

江尻寛正 編著

東洋館出版社

　本書を手にとってくださってありがとうございます！

　おそらく、「小学校英語の授業はどう進めたらいいんだろう…」「うまく教えられている自信がないんだけど…」といった悩みがあり、それを解決するアイデアを得たいと思われたのではないでしょうか。

　本書は、そのような困り感に応える内容が満載ですので、ぜひ読み進めてください！　最初から読むのもよいですが、ここではオススメの読み方を紹介します。

> ● まずは、各章末の「失敗談」を読んでください！
> ● その後、第2章と第3章をじっくりと！
> ● 第1章と第4章以降は、とりあえず目を通してください！

　「えっ、失敗談から？」と思われた方もいるかもしれませんので、その理由を説明します。

　まず、どんな先生でも失敗を繰り返して成長していることを知ってほしいと思います。本書を執筆している先生方は、現在では各地の中核として活躍していますが、かつては（そして今も）あなたと同じ悩みを抱えています。ただ、失敗を失敗で終わらせなかったからこそ、成長してこれたのです。

　だからこそ、まずは「誰でも失敗するんだ」「失敗から何を学んだか」を知ってほしいと思います。さらに、失敗談には英語の授業の本質が数多く書かれており、本書全体の構成をつかむ助けにもなります。

　次に、本書の内容を「頭」で理解してから「授業」をするという考え方よりも、まずは「授業」をしてから「頭」で考えてほしいからです。もちろん、うまくいかないことを避けたくて本書を手に取った方もいると思います。しかし、正直なところ、そのような魔法の杖は世界のどこを探しても見つかりません。そのような、あるはずがない「目的地にたどり着く直線コース」を探し続けるよりも、道が工事中だったときの「う回路の見つけ方」や、細い道を進む「運転テクニック」を身に付けるようにしてほし

いと思います。

　そのために、まずは第2章及び第3章を読んで、大きな事故を避けるスタートを切ってください！　そして、実践の過程で出合った課題を解決するために、第4章以降を大いに役立ててもらえたらと思います。第1章は、実践を重ねた後でときどき進路を振り返る「羅針盤」として読んでもらえたらと思います。

　最後に、「実践で課題を見つけてから本書で学び直す」プロセス自体が、英語を「言葉」として学ぶ方法に通じると考えています。かつての英語教育は、正しさを重視し、間違わないことがよいとされていました。しかし、間違わずに言葉を身に付けることはできるでしょうか？　例えば、赤ちゃんが車を指さして「うー、うー」と言いはじめたとき、「うー、うーではありません。"車"と言います。じゃあ、練習しましょう」と指導しても、正しく話すようにはならないでしょう。

　発達段階の観点からもそうですし、間違ったら怒られると感じれば話すことをやめてしまうかもしれません。それよりも、本人が自らの思いをアウトプットして、周りの人たちが「よく言えたねぇ！　伝わったよ」と称えていくことで、言葉を身に付けていくのではないでしょうか。小学校英語という外国語学習の入り口では、間違いでさえ大いに称賛し合うこと、つまりは失敗しながら改善を繰り返すプロセスを大切にすることこそが重要だと思います。

　では本書のページをめくって進んでください。そして実践をして、ときどき、本書にもどってきてください。いつでもウェルカムです。2回目に読むときには、1回目よりずっと内容が頭に入るはずです。そして、読むたびに新たな気付きがあることでしょう。

　本書が、皆さんの授業力向上の伴走書となることを心から期待しています。

江尻寛正

Contents

第 4 章 英語の指導技術

第 5 章 英語の学習評価

第 6 章　Q&A

英語の教科特性

1 外国語活動・外国語科ってどんな教科?

1 言葉はすべての学習の基盤となるもの
2 自分の考えや気持ちなどを大切にする
3 中学年では動機付け、
　　高学年では中学校への接続を意識

　外国語活動・外国語科は言葉を扱う学びの一つです。言葉について、中央教育審議会答申においても、次のように指摘されています。

　言葉は、学校という場において子供が行う学習活動を支える重要な役割を果たすものであり、全ての教科等における資質・能力の育成や学習の基盤となるものである。したがって、言語能力の向上は、学校における学びの質や、教育課程全体における資質・能力の育成の在り方に関わる課題　　　　　　　　　　　（下線は筆者）

　このことを踏まえて、「小学校学習指導要領解説 外国語活動・外国語編」（12頁）では、次のように説明されています。

　はじめて外国語に触れる段階である小学校においては、母語を用いたコミュニケーションを図る際には意識されていなかった、相手の発する外国語を注意深く聞いて何とか相手の思いを理解しようとしたり、もっている知識などを総動員して他者に外国語で自分の思いを何とか伝えようとしたりする体験を通して、日本語を含む言語でコミュニケーションを図る難しさや大切さを改めて感じることが、言語によるコミュニケーション能力を身に付ける上で重要であり、言語への興味・関心を高めることにつながると考えられる。　　　　　　　　　　　（下線は筆者）

　こうしたことから、外国語活動・外国語科の授業においては、相手は何を言おうとしているのか、どうすれば自分の思いが伝わるのかを体験的に学ぶこと

が重要です。

　しかし問題は、多くの教師は上述した学びを経験していないことにあります。つまり、これまでに自分が学んできた方法で教えようとしてしまうということです。例えば、「単語を多く覚えたほうがよい」「正しく文法を理解する必要がある」といったことが前面に出てしまいがちです。もちろん、こうした視点をもってはいけないということではありませんが、小学校では「はじめて外国語に触れる段階である」ことを意識する必要があります。

　外国語活動（中学年）では、次の目標が掲げられています。

　外国語によるコミュニケーションにおける見方・考え方を働かせ、外国語による聞くこと、話すことの言語活動を通して、コミュニケーションを図る素地となる資質・能力を次のとおり育成することを目指す。

(1)　外国語を通して、言語や文化について体験的に理解を深め、日本語と外国語との音声の違い等に気付くとともに、外国語の音声や基本的な表現に慣れ親しむようにする。

(2)　身近で簡単な事柄について、外国語で聞いたり話したりして自分の考えや気持ちなどを伝え合う力の素地を養う。

(3)　外国語を通して、言語やその背景にある文化に対する理解を深め、相手に配慮しながら、主体的に外国語を用いてコミュニケーションを図ろうとする態度を養う。

　言語や文化について理解したり、相手に配慮したりするには、日本語で知識として身に付けさせることもできますが、(1)(3)に「外国語を通して」と明記されているように、外国語で自分の考えや気持ちなどを聞いたり話したりしながら資質・能力を育成することが外国語特有の学びになります。

　加えて、（目標実現に向けた指導事項として）中学年では「聞くこと、話すことの言語活動」、高学年ではそれに加えて「読むこと、書くこと」が示されています。指導事項を目的化させないためにも、コミュニケーションを図る難しさもあえて感じられるようにしながら、言語への興味・関心を高める授業をつくるようにします。中学年では外国語学習への動機付けを高め、高学年では系統的に教科学習を行い、中学校での学びにつなげていくことを心がけることが大切なのです。

（江尻）

2 AI時代に英語を学ぶのはどんな意義がある?

1 AIにはない能力が、人間にはある
2 友達の思いや考えに気付くことが
　　グローバルな視点の重要なステップとなる
3 自分自身で思考し、行動できる授業にする

　AI技術が急速に進展し、日常生活でも翻訳ツールや音声アシスタントが私たちをサポートする時代になりました。AIがこれほど発達した今、「本当に小学校で英語を教える必要があるのか」と疑問に感じる方もいるかもしれません。しかし、AIがどれだけ進化しても、人間が言語を学ぶ意義は変わりません。そこで本項では、AI時代における子どもたちが英語を学ぶ意義について考えます。

1 AIにはない能力が、人間にはあります

　AIは音声を認識し、正確に言葉を翻訳することができます。しかし、言語のもつ本当の力は、単に情報を交換するだけではありません。言語を通して、私たちは相手の気持ちを理解し、共感し合い、信頼関係を築いていきます。これは、AIにはできない人間の能力です。

　英語教育は、「言葉によって人と人とがつながることができる」ことを子どもたちに教え、コミュニケーションの本質を体験させる場です。AIがどれだけ発達しても、心のこもったやり取りをするためには、相手のことを思い、自分で言葉を使いこなす力が必要です。逆に言えば、言葉を翻訳するだけの授業は本気で見直す時代になっているということです。

2 友達の思いや考えに気付くことが
　グローバルな視点の重要なステップ

　英語を学ぶということは、単に語学としてスキルを身に付けるだけではありません。英語を通じて、異なる文化や価値観に触れることができます。Good morningを、「よい朝」ではなく、「おはようございます」と訳すことからも、日本語との違いに気付くことができます。AIは膨大なデータをもっていますが、異文化の背景にある「なぜそのような考え方をするのか」といった気付きまで与えてくれるわけではありません。

　小学校での英語教育は、異文化理解を深め、世界を広げるための重要なステップです。普段は同じように生活している友達でも思いや考えに違いがあることに気付くことからはじまり、異なる背景をもつ人々との交流を通じて、多様性の尊重やグローバルな視点を身に付けていくのです。

3 英語が言えたかではなく、自分自身で思考し、行動できる授業にしよう

　AIは莫大なデータをもとに演算処理を行うことに長けており、瞬時に多言語を翻訳したり、正確な文法に則った文章を生成したりするのが得意です。だからといって、AIにすべてを任せることはできません。AIは、人間の感情や文化的背景を説明することはできても、自らが感じることはできないからです。

　人間同士の複雑なやり取りや、誤解を避けるための調整が必要になったとき、(AIの力を借りながらも) 生身の人間同士が対話し、合意形成を図るコミュニケーションは、先行き不透明だと言われるこれからの時代において、よりいっそう重要性を増すことでしょう。

　外国語活動・外国語の授業は、まさにそうした資質・能力を育むことに主眼を置きます。つまり、文法や正しい単語を習得するだけでなく、相手の気持ちを汲み取ったり、文化的な違いを理解しながらコミュニケーションを図ったりする教科等だからです。

　そこで求められる教師の役割は、感情豊かなコミュニケーションや、異文化理解の土台をつくるサポートです。具体的には、ペアワークやロールプレイといった言語活動を通して、子どもたちが英語を使って他者とのやり取りを楽しみ、相手の立場に立って考える機会を提供します。つまり、ただ単に英語が言えたかではなく、気付きを大事にした経験を積ませることで、自ら思考し、行動できる力を育みます。

　「やっぱり小学校で英語を教える意義は確かにある！」と実感できるような授業づくりを目指していきましょう。

（江尻）

「言語活動を通して指導する」とは、どういうこと?

1 言語活動とは互いの考えや気持ちを伝え合うことである
2 自己決定及び自己評価ができる場面を何度もつくる

どの教科等においても「言語活動が重要だ」と言われますが、英語の授業において「具体的にどのような活動をすればよいのか」をうまくイメージできず悩んでいる先生もいるかと思います。

英語の授業では、自分の思いや考えを大切にしながら、子どもたちが英語を使ってコミュニケーションを図れるようにすることが大切です。そこで本項では、言語活動の基本と授業での具体的な活動例について紹介します。

1 言語活動とは互いの考えや気持ちを伝え合うこと

英語における言語活動とは、「実際に英語を用いて互いの考えや気持ちを伝え合う」こととされています。特に外国語活動では、「聞く」「話す」ことが中心です。英語学習は語学の側面もありますが、小学校においては、この「聞く」「話す」という言葉のやり取りが重要です。

そのために必要となるのが、英語を通じて「自分の考えを伝えたい」という子どものモチベーションを高めることです。端的に言えば、「練習を繰り返して英語を身に付ける」のではなく、「言語活動を通してコミュニケーション能力を養う」ということになります。

2 自己決定及び自己評価ができる場面を何度もつくろう

例えば、「行きたい国」をテーマに、自分の興味に基づいて話す内容を準備し、ペアやグループで発表する学習をどう進めていけばよいかを紹介します。

①見通し：この活動（単元）のゴールの姿を子どもと共有する。夏休みや卒業旅行の行先を決めるといった目的や場面、状況を設定し、教師がモデルとしてやってみせることが考えられる。見通しをもたせるとともに、子どもたちがやってみたいと思うプレゼンの工夫や個性的な内容にしたり、逆に不十分な部分を見せたりするなどして動機付けも合わせて行う。

②フレーズの練習：教師のモデル等で「I want to go to 〜.」や「There is/are 〜 in 〜.」などに出合わせた後、繰り返し発話する場をつくる。このとき、単純な練習を減らすことを心がける。具体的には、カタカナ英語と比較させたり、伝える相手を確認したり、自分の発話を録音・録画して自己評価したりすることなどが考えられる。「言えるようになりましょう」などと教師が言わずとも、子どもが言おうとするようになることを目指す。

③ペアワーク等：実際に相手に話す場面をつくる。お互いに「Where do you want to go?」と尋ね合って、相手の発表を聞き合う。その際、ただ聞くのではなく、相手の発表をよりよくするために聞こうとする態度を重視する。そのためには、目的や場面、状況をしっかり想定しておくことが欠かせない。その後のアドバイスが、「言いたいけど、言えなかったことはなかった？」という中間指導の充実につながっていく。

④クラス発表：パフォーマンス評価を兼ねて行うことが考えられる。ここに至るまでに、上記②や③の活動を何度も繰り返すことが有効である。そこで、パフォーマンス評価の後は、そこに至るまでの努力や変化を伝えるとよい。粘り強く自己調整してきたことを承認することで、主体的に学習に取り組む態度を伸長する。その後に振り返りを行うことで、ポジティブに課題を見つけ、次に学習に対する意欲を高めることができる。

さらに言うと、「言語活動を通して指導する」とは、言語活動の充実に留まりません。目的や場面、状況を常に意識させながら、自己決定、自己評価できる場面を何度もつくることが重要です。そのサイクルを何度も回すには、定型ではなく、自分の思いや考えを伝えられる活動を設定することが必要です。子どもの実態、それも集団ではなく個人に寄り添うことこそ、言語活動における指導の肝となります。

（江尻）

4 「個別最適な学びと協働的な学び」をどう進める?

1 「個別最適な学び」は
指導の個別化と学習の個性化に分けられる
2 「協働的な学び」は
探究的な学習などを通じて行う

　小学校の外国語教育においては、子ども一人一人のニーズに合わせ、グループで協力して取り組むなどして、外国語学習を楽しく、深い理解を伴うものにすることが必要です。そのために押さえておきたいのが、「個別最適な学び」と「協働的な学び」です。

1 「個別最適な学び」は指導の個別化と 学習の個性化に分けられます

　中央教育審議会答申「『令和の日本型学校教育』の構築を目指して〜全ての子供たちの可能性を引き出す、個別最適な学びと、協働的な学びの実現」（令和3年1月26日、以下「答申」という）における提起を端的に示すと次のようになります。

> [個別最適な学び]「個に応じた指導」を学習者視点から整理した概念
> [個に応じた指導]「指導の個別化」と「学習の個性化」に分けられる

　「指導の個別化」を分かりやすく言うと、「子ども一人一人の学習ペースに応じた指導を行うことだ」と考えるとよいでしょう。外国語教育では、子どもの思いや考えを大切にしますし、個々の子どもに合わせた指導が必要です。そこに、英語の習熟度がかけ合わされるため、個に応じた指導を行う必要性が高くなります。

　このとき、ICT端末や学習者用デジタル教科書を活用すれば、子どもは自分のペースで発音や単語の練習を行うことができ、教師は子どもの学習状況をシ

ームレスに確認できるので適切にフィードバックできるようになります。このような学びのスパイラルが生まれるようになるには、子ども一人一人が課題解決に向けて何をするかを自己決定し、メタ認知しながら自分の学習を調整できるようにすることが必要です。つまり、子どもを自立した学び手に育てていく視点があってこそ、ICTは真価を発揮できるということです。

2 「協働的な学び」は探究的な学習などを通じて行います

「答申」では、探究的な学習や体験活動などを通じて資質・能力を育成する「協働的な学び」が重要であるとしています。

> 「個別最適な学び」が「孤立した学び」に陥らないよう、これまでも「日本型学校教育」において重視されてきた、探究的な学習や体験活動などを通じ、子供同士で、あるいは地域の方々をはじめ多様な他者と協働しながら、あらゆる他者を価値のある存在として尊重し、様々な社会的な変化を乗り越え、持続可能な社会の創り手となることができるよう、必要な資質・能力を育成する「協働的な学び」を充実することも重要である。

　小学校の外国語教育では、会話やロールプレイングを通じて、どのように言えば伝わるかなどを子どもたちが互いに学び合い、探究しながらコミュニケーション能力を育みます。そのため、例えば発話が得意な子どもがコツを教えたり、何をどう言えば伝わりやすくなるかを共に考えたりするなど、協働的に学び合えるようにします。

　そこで、「個別最適な学び」と「協働的な学び」が往還するような場や活動を設け、ICTを活用した学び方を教師が明示し、「自分たちでもできそう？」と投げかけながら、子どもたちが主体的に学習を進められるようにすることが大切です。

　こうした教師による指導が、学ぶことの動機付けを子どもに与え、高いモチベーションをもって自ら学ぼうとする自立した学び手を育てることにつながっていくと考えられます。

（江尻）

5 指導と評価の一体化に向けて何をしたらいい?

1 子どもが理解できる行動レベルのねらいを明確にする

2 いつ何を働きかけるかを計画する

1 指導と評価が一体化していないとどうなる?

「指導と評価の一体化」とは、授業で行った指導が子どもたちの学びにどのような影響を与えたか、その状況をリフレクションし、次に行う指導を改善しながら子どもたちの学習状況を評価し、再び自分の指導をリフレクションするといった往還のプロセスです。

言葉にすればそのとおりなのですが、言うは易く行うは難しで、評価と指導を一体的に進められないことがあります。そこでまず、指導と評価が一体化していない例を考えてみます。

> 「自己紹介」をテーマにした5年生の単元の授業で、子どもたちに「I like ～.」のフレーズを練習させた後、ペアワークで実践させた。その後、単元末には「I like ～.」の聞き取り（ペーパーテスト）を行い、その結果を記録に残す評価とした。
>
> 〈問題点〉
>
> 授業を通じて行った自分の指導のリフレクションが行われておらず、指導改善が行われないまま（子供たちにフィードバックされずに）評価記録としている。その結果、できない子どもはできないままであり、できる子もよりできるようになる機会が失われている。加えて、授業で行った活動とペーパーテストが結び付いておらず、子ども自身も自分の学習状況を改善することができない。

2 子どもが理解できる行動レベルでねらいを明確にしよう

「指導と評価の一体化」は「指導すること」と「評価すること」を交互に行えばよいというものではありません。学習評価は、子どもたちの成長を期すために学習状況を的確に捉え、子どもたちが意欲をもって次の学習に進んでいけるようにするための教育行為です。それを1年を通じて行う長いサイクルと、教科等ごとの単元という短いサイクルを入れ子にして回していくのであり、それこそが教師に求められるカリキュラム・マネジメントにほかなりません。

　その核となるのが「目標」です。指導は「目標」の実現に向けて行いますし、「評価」は目標に対して現状を把握するために行うものだからです。だからこそ、学習評価は「目標に準拠した評価だ」と言われるわけです。この「目標」があいまいであれば、指導と評価を一体的に行うことはできないでしょう。

　例えば、「好きな食べ物を発表しよう！」という目標では、思考する視点が明確ではないため、アドバイスし合うことが難しい子どもがいます。代案としては、「日本に来たばかりのALTが思わず食べたいと思えるように、あなたが好きな日本食を紹介しよう！」にしてみることが考えられます。

　このようにシチュエーションを明確にすることで、子どもは思考する意味をもち、必要感をもって高いモチベーションで活動してくれます。のみならず、子どもの学習状況を見取りやすくなります。裏を返せば、子どもが理解できる行動レベルのねらいを明確にすることが大切なのです。

2 いつ何を働きかけるかを計画しよう

「主体的に学習に取り組む態度」については、挙手の回数等の形式的な活動ではなく、子どもが「本時で行った活動を振り返り、次時ではどうするか（見通しや改善点）」など、学習の進め方について自己調整しながら学ぼうとしているかという意思的な側面を、単元のまとまりを通して見取ることが求められます。

　学習状況は、子どもそれぞれのペースで刻一刻と変化していくものですから、子ども全員の学習状況を一度に見取ることはできません。そこで、評価材料を得る適切な場面や時期を設定し、「最初と比べて自分で工夫したことを書きましょう」と指示して、そのときどきの子どもの考えを記録（振り返り）していきます。それが、自己調整を促す働きかけともなります。つまり、単元を通して「いつ何を働きかけるのか」を計画することが重要なのです。　　　　　**（江尻）**

学級担任と英語専科、それぞれが教えるよさは?

1 学級担任のよさは子どもたちとの信頼関係の構築や過ごす時間の長さにある
2 英語専科のよさは、専門知識と縦の系統性で指導に当たれる点にある

　小学校の英語教育は、学級担任が中心になる場合と英語専科が中心になる場合があります。両者それぞれにどのようなよさがあるかを理解して強みを発揮することが大切です。

1 担任のよさは子どもたちとの信頼関係や過ごす時間の長さです

　1年を通じて子どもたちと長い時間を過ごす学級担任の先生が英語の指導に当たるメリットは、なんと言っても子どもたちとの信頼関係にあります。学級生活や他教科での学習を通して、一人一人の特性や興味、学びに向かう姿勢などを理解しているため、個に応じた柔軟な指導がやりやすいといえます。その子に合わせた進め方や題材の工夫により、英語が苦手な子も学びやすくなります。加えて、担任に慣れ親しんでいる安心感から、（専科の先生に比べると）「英語を使って話をする」というハードルが低くなります。

　例えば、クラスの流行りを話題にして、子どもを動機付けることができます。テレビなどの話だけでなく、他教科で学んでいることを取り入れると、生きて働く概念的な知識になります。さらに、朝の会でペアトークを行うなど、1日を通して指導を工夫することもできます。

　その一方で、担任の先生方の中には、「英語を教えること」に対して自信をもてない方もいるでしょう。その場合にも、（他の章で詳しく述べますが）英語が得意でないことを逆に長所と捉え、初学者としてのモデルを示して子どもたちの学びをサポートすることができます。

2 英語専科のよさは、専門知識と縦の系統性で指導に当たれる点にあります。

専科の先生は、英語の専門知識をもっており、それを生かして子どもたちを指導することができます。子どもの中には、幼少期から英語を習っている子もいるので、レベルに応じたアドバイスができるでしょう。また、「今やっている学習が、今後はこうなるよ」などと系統的に指導できるのもメリットです。兼務している場合であれば、違う学校の同学年の授業での様子を紹介したり、実際に作成した動画を共有したり、コメントし合ったりすることもできます。

反面、子ども一人一人の実態に応じる点に難しさがあるので、担任の先生との連携が重要です。月に1回程度、学年会などに参加し、子どもたちの様子をつかむことも考えられます。学級担任と情報連携できれば、他教科等との横断的な学習なども構想できるようになります。

[学級担任]
● 子どもたちとの信頼関係が深い。
● 他教科の指導など過ごす時間が長い。

[英語専科]
● 英語の専門知識が豊富である。
● 縦の系統性で指導できる。

ここまで述べてきたことは、あくまでも特徴的な違いについて触れたもので、（言うまでもなく）高い専門性や技術をもった担任の先生もいますし、学級担任としての経験が豊富な専科の先生もいます（英語の免許はもっているものの、英語教育からは長く離れているという方もいます）。

このように挙げるだけでも多様ですが、どのような立場の先生であれ、英語教育で共通して求められることは、コミュニケーション能力の育成です。そのため、学級担任と英語専科それぞれの特徴やよさを生かしたアプローチ方法を考えることが大切です。自分はどのようなアプローチで子どもたちのコミュニケーション能力を育んでいくか、それを考えながら授業を工夫することが重要だと言えるでしょう。

（江尻）

7 3年生の外国語活動では どんなことをする?

1 外国語を学ぶ目的を考える
2 外国語の学習を通じて異なる文化に触れる
3 新たな文字に体験的に出合う

1 外国語を学ぶ目的を子どもと考えてみよう

　外国語学習のはじまりである第3学年では、「なぜ、外国語を学ぶのか」（目的）を子ども自身と考えてみることが大切です。多くの国で話されている英語によるコミュニケーションを学ぶことを通して、「地球上の人たちみんなが助け合える世界をつくっていくことができる」という意識をもてるようにします。

　相手の考えを聞いたり、自分の思いを伝えたりする言語活動を通して、コミュニケーションを図る力の土台づくりをしていくのが第3学年の外国語活動です。子どもたちは言語や文化、生活の様子について体験的に学ぶことで、日本との違いに気付き、世界へ目を向けていくことができるようになります。

2 外国語の学習を通じて異なる文化に触れ、世界への扉を開かせよう

　外国語活動の学びを通じて、子どもたちは日本とは異なる文化に接します。「Let's Try! 1」Unit 1では、世界のいろいろな国や国旗、さまざまな人たちが描かれています。動画資料を使えば、ケニアやフィンランド、インドなどで使われている言語を聞くことができます。

　「Let's Try! 1」Unit 4では虹に色をぬる活動が示されています。虹の色というと日本では7色でぬることが多いかもしれませんが、世界の国々では必ずしも7色ではありません。黒色があったり5色だったりするなど、国や人により認識がさまざまです。動画視聴を通してこうした違いを体験的に知ることで、グローバルな視点をもつきっかけになります。互いの違いを尊重する態度を大事

資料1　学年による絵カードと文字の扱いのイメージ（参考）

に育てていきましょう。異なる価値観に出合って刺激を受け、視野が広がっていく過程を丁寧に大切にしていきたいものです。

3 新たな文字に体験的に出合うようにしよう

　第3学年は、小学校4年間で扱うアルファベットの文字指導の導入期にあたります。3年生では大文字を扱いますが、このことは学習指導要領の「聞くこと」で明示されています。まずは、アルファベットの文字の読み方を聞いたり発音したりしながら、慣れ親しむ活動を行います。小学校を卒業する時には、アルファベットの読み方を発音したり、活字体の大文字、小文字で書いたりができることを目指して段階的に指導していきます **(資料1)**。
「Let's Try! 1」Unit 6では、26個の大文字について、直線だけのもの、曲線が含まれているものなどの視点で分類する活動があります。また、デジタル教材のABC Songなどを活用すれば、聞いたり発音したりする体験的な活動を何度でも行い、カタカナ英語との違いに気付きながら音声に慣れ親しむことができます。

　3年生では、体験的な言語活動をたっぷりと味わわせ、「言いたい」「伝わって嬉しい」「またやってみたい」という思いを膨らませられるようにすることがとても大切です。

（後藤）

 # 4年生の外国語活動では どんなことをする?

1 どんな話になりそうか予想してから、
  英語でまとまった話を聞く
2 音とのつながりに関心をもちながら、
  アルファベットの小文字に慣れる

1 どんな話になりそうか予想させてから、英語でまとまった話を聞かせるようにしよう

　第4学年では、時刻や曜日、場所など、日常生活に関する身近で簡単な事柄を扱う言語活動を行います。その際、学級の友達とお互いをもっと知り合ったり、仲よくなったりするためのめあてを考えるようにします。それが、目的や場面、状況を設定することにつながります。

「Let's Try!」の〔Let's Listen〕等では、まとまった話を聞き、メモを取る活動が設定されています。ポイントは、英語を聞く前にイラストを見せ、どんな話になりそうか考えさせるようにすることです。そうすれば、子どもは今までに学習した言葉がないか注意して聞いたり、映像・画像などを頼りに意味を推測したりするようになります。

　その際、一言一句正確に訳す必要はありません。大体を捉えればよいことを伝えます。日本語でも、相手の話を一言一句すべて聞き取っているわけではなく、頭の中で、そのときの場面や状況に応じて、大事な語句と語句をつなげて推測しながら理解しています。外国語でも同じです。

　また、子どもが「英語を聞き取れた」と感じられるようにすることが大切です。一人では難しくても、ペアやグループ、またはクラス全体で知恵を出し合えば、ちょっと長い英語でも分かると思えるようになれば、第5学年の学習につなげていけます。

　メモを取らせる際は、国語科の学習を生かして、箇条書きで短く書くように

声をかけるとよいでしょう。

　3年生のときは、言いたいことを早く伝えたいという気持ちから、単語のみで発話していた場面も少なからずあったと思いますが、4年生では、ぜひ文発話でやり取りさせましょう。

　例えば、好きな遊びを伝えるのに、「dodgeball」とだけ発話する子どもがいたとします。その際、「"I like"を付けて言おう」と指導するのではなく、ほかの子どもに我慢強く質問し続け、"I like"を使って文発話した子どもがいれば、その子の表現の仕方を褒めるようにします。そうすれば、周囲の子どもたちも真似をしはじめます。

　"I like"などと言い出す子が現れそうになければさっさとあきらめて、デジタル教材の音声ではどのように発話していたか、もう一度聞かせるとよいでしょう。

2 音とのつながりに関心をもたせながら、アルファベットの小文字に慣れさせよう

　4年時には、アルファベット（文字）の学習で、高学年の外国語科につながる題材があります。「Let's Try! 2」Unit 7 "What do you want?"〔Let's Listen〕では、子どもは聞こえてきた音を頼りに、どの缶詰のイラストがどの文字と結び付くのかを考えます。

　線で結ばせた後、例えば「tomato」のアルファベットの小文字を一つずつ読ませます。解答を確認した後、なぜすぐに分かったのかを子どもに尋ねます。その子が「トマトのトだからtではじまっている」と言ったら、「じゃあコーンは？」と問います。すると、「kだよ」と発言する子どもがいるでしょう。

　そこで、コーンの英語表記を確認させると、「あれ、c？」という具合になります。このように指導することで、ローマ字では、か行は「k」ではじまるが、英語では「c」ではじまることもあることに気付かせることができ、5年生のアルファベットの名前読みと音読み、ジングルにつなげることができます。

　また、5年生になるとすぐに文字を書く学習がはじまることを見据え、アルファベットについては、丁寧に指導する必要があります。言語活動に加え、家庭学習等でトレーニングすることも視野に入れます。その際、書かせるのではなく選ばせる等、子どもに過度の負担をかけないように留意します。

　音声中心の3、4年生の外国語活動ですが、4年生の後半では、少し文字を意識した活動を取り入れ、文字への興味・関心を高めさせるとよいでしょう。　　**（江隈）**

9 5年生の外国語科では どんなことをする?

1 まずは聞くことを大切にする
2 「読むこと」「書くこと」も含めた4技能を学ぶ
3 学年末にできるようになることを自覚する

1 「外国語活動」からの「のりしろ」として、まずは聞くことを大切にしよう

　第5学年になると、週に2回の外国語科の学習がはじまります。「成績がつく」「難しそう」といったイメージをもつ子どもや先生も多いと思います。

　言葉は、そう簡単に積み上がっていくものではありませんから、5年生になった途端に、全部覚えられるようになるわけではありません。大切なことは、今まで慣れ親しんできた語彙や表現を思い出しながら、新しいことを学び、コミュニケーションの目的や場面、状況に応じて聞いたり、読んだり、発表したり、やり取りしたり、書いたりすることを繰り返すことです。

　体験的に学び、コミュニケーションの基礎を育む外国語科では、検定教科書の内容もバラエティ豊かです。楽しみながらいろいろな領域を学べる教科書になっています。

　また、小学生が身近に感じるお話やアニメ、歌やチャンツなど、まずは「聞くこと」を大切にしているのは、中学年（外国語活動）のときと同じです。教科になったら確実に定着させなくてはいけないと焦る気持ちもあるかもしれませんが、ここはぜひ、外国語活動との「のりしろ」を大切にして、指導を重ねていきましょう。

　経験と共に学んだものは記憶に残りやすいと言われます。少しずつでも口にしてみる経験、意味のある話題をもとに考えながら話してみる経験を積ませるようにしましょう。

2 「読むこと」「書くこと」も含めた 4技能5領域へ

高学年（外国語科）で最も特徴的なことは「読むこと」「書くこと」の学習がはじまることです。ただ、そうはいっても、「聞くこと」や「話すこと」と同レベルで定着することが求められているわけではありません。

「読むこと」については、アルファベットを識別し、読み方を発音することができるようにすること、音声に十分に慣れ親しんだ語句や表現を読むことを目指します。

「書くこと」については、アルファベットの大文字、小文字を書くこと、語順を意識しながら音声で十分に慣れ親しんだ語句や表現を書き写したり例文を参考に書いたりすることを目指します。

一見簡単そうに聞こえますが、いずれも小学生にとっては難しいことです。焦らず、慌てず、2年かけて取り組み、中学校につなげたいものです。

3 5年生のうちにできるようになることを自覚する

外国語科は、卒業時までに学習指導要領の目標の実現を目指します。要は2年間でできるようになればいいのです。ただし、5年生のうちにできるようになることを想定しながら指導することは大切です。また、それを子どもが自覚して体験的に学ぶことは、発達段階から考えても、主体的な学びにつながりやすくなります。

例えば、5年生最初の自己紹介の単元で、中学年までの既習事項を活用して、お互いに伝え合うことと、情報を聞き取る活動を取り入れます。そうすれば「聞くこと」と「話すこと（やり取り）」の2つの領域を設定することになります。もちろんその後、名前を書いたり、アルファベットを読んだりする学習を行っていくわけですが、そこはもう少し先で定着すればよいのです。

一つ一つの単元で4技能5領域をきっちり教え込もうとすると、教師主導の授業になってしまいがちです。そうならないよう、言葉の学習だからこそ、子どもの気付きや思いを大切にして指導したいものです。そのためにも、（前述したように）2年間を見据えて外国語科における子どもの姿を描くことが大切なのです。

（黒木）

10 6年生の外国語科ではどんなことをする?

1 言語活動を充実する
2 文構造の違いに気付く

　6年生の外国語科では、中学校を見通して、子どもの実態にあわせた指導が大切になってきます。

　中学校との「共通点」は、「言語活動を通して指導する」ことです。中学校学習指導要領では、「小学校第3学年から第6学年までに扱った簡単な語句や基本的な表現などの学習内容を繰り返し指導し定着を図ること」と示されており、卒業時の子どもの姿をイメージして言語活動を充実することが求められます。「相違点」は、小学校では文字を学習するけれど中学校では行われず、小学校では文構造を学習して中学校では文法を学ぶことなどが挙げられます (資料1)。

▌言語活動を充実しよう

　言語活動を通した指導は、小学校から中学校、そして高等学校まで求められているものです。

　また、中学校以降は、英語で授業を受けることが基本となることから、6年生の外国語では、上記を見据えて授業を構想することが大切です。そうは言っても「英語は何を言っているか分からない」という子どももいます。そうした子どもに対して日本語で説明してあげることも必要ですが、卒業するまでずっとそのままでは中学生になって困ります。

　そこで、子どもたちが卒業するまでに、"先生や友達は、きっとこんなことを言ってるんじゃないかな?"と考えながら英語を聞く姿勢を育てることを意識しましょう。そのためにも言語活動を重視し、子どもが「何を言ってるか知りたい!」と思えるような魅力的な活動を構想することが大切です。

資料1

	外国語科（小学校5・6年）	外国語科（中学校）
時数	週2時間	週4時間
知識及び技能の目標	外国語の音声や文字、語彙、表現、文構造、言語の働きなどについて、日本語と外国語との違いに気付き、これらの知識を理解するとともに、読むこと、書くことに慣れ親しみ、聞くこと、読むこと、話すこと、書くことによる実際のコミュニケーションにおいて活用できる基礎的な技能を身に付けるようにする。	外国語の音声や語彙、表現、文法、言語の働きなどを理解するとともに、これらの知識を、聞くこと、読むこと、話すこと、書くことによる実際のコミュニケーションにおいて活用できる技能を身に付けるようにする。

（下線は筆者）

資料2

2 文構造の違いに気付けるようにしよう

　文構造を扱う例として、担任とALTが好きな物を紹介し合う場面を考えます。このとき、ALTとやりとりしながら黒板で視覚化します **（資料2）**。

> 担任：「私はステーキが好き」「私はマンゴーが好き」
> ＡＬＴ：“I like noodles.” “I like chocolate.”

　こうすることで、「好き」「like」といった動作・行動の言葉の位置が違うことへの気付きを促します。これは、過去形を扱う際、“go”ではなく“went”に動作・行動を表す言葉が変わることにもつながります。こうした気付きをたくさん生まれるようにすることで、外国語学習への動機付けにもつながります。

　また、中学校の先生方と連携し、相互参観や教材交流などを通して、6年生の子どもたちがどのように学習しているのかを知ってもらうことも大切です。こうした取り組みが、子どもたちの学びの継続性につながります。　　　　**（上江洲）**

とっておきの失敗談 ①

　過去形を使う単元のSmall Talkで、私はフィンランドに行ったときの話をしました。

I went to Finland.
I ate reindeer.
I ate frogs in Japan.
It was delicious.

　このSmall Talkを聞いた子どもたちは、「フィンランドと日本って聞こえたね」「"frog"って『カエル』のことだよね」など、聞き取れた単語を共有していました。そしてそれぞれ聞き取れたことから推測し、「えっ、先生、カエルを食べたの？　しかも日本でって言った!?」「reindeerって何？　えっ、えっトナカイ!?」と驚嘆していました。

　このときの私は、この話を通して食文化の違いに目を向ける国際教育として意味があると思っていたのですが…。

　後日のことです。担任から「今、理科で『食物連鎖』の学習をしているのですが…」と声をかけられ、次のように話をしてくれました。「うちのクラスでは、『小さい虫を食べるのはカエル、そしてそのカエルを食べるのは神田先生』にまとまり、こんな食物連鎖の図が作成されてしまったんです」

　私はパペットもカエルにするくらい大好きなのですが、Small Talk

によって、違う意味での「好き」と捉えられてしまったわけです…。ある意味、食物連鎖のイメージが伝わったのかもしれませんが、"食文化の違いという本来のねらいが薄れてしまったなぁ"と感じた失敗談です。

（神田）

第 2 章

英語の授業準備

1 外国語活動の教材って どんな仕組みなの?

1 「自分の気持ちや考え」や「身近で簡単なこと」に関する内容が中心となる
2 文化や習慣の共通点や相違点についての子どもの気付きを大切にする

　文部科学省が作成した「Let's Try!」では、各Unitで扱う表現がどのような場面で使用されるかがイラストと共に紹介されています。

　また、「自分の気持ちや考え」や「身近で簡単なこと」に関する言語活動が示されていたり、世界の国々と日本の文化や習慣の共通点や相違点についての気付きを促したりするつくりになっています。

　テキストのUnitには［既出］として、これまで子どもたちが学習した語句や表現も記されており、指導者が単元終末の活動や指導の流れを計画する際に考えやすいつくりになっているといえるでしょう。　　　　　　　　　　　　　（後藤）

資料1　3年生　Let's Try! 1

Unit	主な内容	扱う主な英語表現
1	挨拶、自分の名前など	Hello. I'm Hinata.
2	自分の感情や状態など	How are you? I'm happy.
3	1から20までの数の言い方、数の尋ね方	How many? Ten apples.
4	好みを伝える言い方、好きかどうかを尋ねる言い方・答え方、身の回りのものの言い方（色、スポーツ、飲食物、果物、野菜）	I like blue. Do you like blue? Yes, I do. No, I don't. I don't like blue.
5	何が好きかの尋ね方・答え方、身の回りのものの言い方（スポーツ、飲食物、果物・野菜）	What do you like? I like tennis.

6	アルファベット大文字	The "A" card, please. Here you are. Thank you. You're welcome.
7	欲しいものの尋ね方・答え方	What do you want? A star, please. This is for you.
8	ある物が何かの尋ね方・答え方、身の回りのものの言い方（動物）	What's this? Hint please. It's a fruit.
9	誰かの尋ね方・答え方、動物、状態・気持ち、身体の部位	Are you a dog? Yes, I am. No, I'm not. Who are you?

資料2　4年生　Let's Try! 2

Unit	主な内容	扱う主な英語表現
1	挨拶、自分の好みの伝え方	Hello. Good morning. I like strawberries.
2	遊びに誘う言い方、天気	Let's play cards. Yes, let's. Sorry. How's the weather? It's sunny.
3	好きな曜日の尋ね方・答え方	Do you like Mondays? Yes, I do. No, I don't. I like Tuesdays. What day is it? It's Monday.
4	時刻の尋ね方、時刻や生活時間の言い方	What time is it? It's 8:30. It's "Homework Time".
5	持ち物の尋ね方・答え方、身の回りの物	Do you have a pen? Yes, I do. No, I don't. I have a glue stick.
6	アルファベット小文字	What's this? Hint, please. How many letters? I have six. Do you have a "b"? Yes, I do. No, I don't.
7	欲しいものの尋ね方・要求の仕方、果物・野菜、飲食物	What do you want? I want potatoes, please.
8	お気に入りの校内の場所への案内の仕方、教室	Go straight. Turn right. This is the music room. This is my favorite place.
9	日課の表し方	I wake up at 6:00. I have breakfast at 7:00. I go to school. I go home.

2 外国語科の教科書って どんな仕組みなの?

1 1年間の学習を見通すページや
自分の力を確かめるページがある
2 「聞くこと」「話すこと」を中心に、
段階的に「読むこと」「書くこと」を学ぶ

1 1年間の学習を見通すページや 自分の力を確かめるページがあります

　各教科書会社がそれぞれに工夫を凝らしている教科書の仕組みを知る手掛かりは、解説資料にあります。例えば、教科書のはじめにある1年間の学習を見通すページや子どもが自分の力を確かめるページなどが参考になるでしょう。こうした解説資料は、各教科書会社のサイトにもアップされているので閲覧してみることをお勧めします。

●東京書籍株式会社：https://ten.tokyo-shoseki.co.jp/text/shou/eigo/
●開隆堂出版株式会社：https://www.kairyudo.co.jp/2024/english/
●株式会社三省堂：https://tb.sanseido-publ.co.jp/06cjpr/
●教育出版株式会社：https://www.kyoiku-shuppan.co.jp/r6shou/eigo/index.html
●光村図書出版株式会社：https://www.mitsumura-tosho.co.jp/06s-kyokasho/eigo/
●株式会社新興出版社啓林館：https://www.shinko-keirin.co.jp/keirinkan/sho_r6/eigo/

2 「聞くこと」「話すこと」を中心に、 段階的に「読むこと」「書くこと」を学びます

　外国語科の教科書は、見開きで1時間配当から2時間配当になっており、「聞くこと」「話すこと」を中心にして、段階的に「読むこと」「書くこと」が学べ

るようになっています。また、分かりやすいインプットから無理なくアウトプットにつながる言語活動を導入しやすいつくりになっています。

　紙面では、「Let's Watch」といった活動が示されていますが、「なぜこの活動を行うのか」その趣旨や目的を、年度当初に子どもと共有できれば、主体的な学習につなげやすくなります。

　教科書の紙面には、動画や写真などもふんだんに盛り込まれ、たいへん多くの情報量が盛り込まれています。そのため、細部にわたってすべて教えようとしてしまえば、時数内に収まらなくなってしまうでしょう。そこで、教科書はあくまでも学びを深めるための道具であることを意識し、「教科書を教えるのではなく、教科書で捉えさせる」というスタンスで授業づくりを工夫するようにしたいものです。

　それと同時に、学習者用デジタル教科書もまた子どもたちの資質・能力を育成するための道具ですから、学習者である子どもたちがいつでも利用できるようにすることが大切です。

　年度当初に、自由に学習者用デジタル教科書に触れられる時間をつくることが重要です。最初の段階で子どもが、何となくでも使い方を知ることができれば、その後の授業でも取り入れやすくなります。

　デジタルネイティブと言われる子どもたちは、自分で便利な機能を発見すると、子ども同士でシェアします。そのため教師は、「すべての機能・使い方を教えなくては！」などと硬く考えるのではなく、子どもたちと一緒に「どう使うのが効果的か」について意見を出し合い、楽しみながら使っていくとよいでしょう。

　教師としては明確な意図をもって授業計画を立てることが大切ですが、「本時のこの授業場面では学習者用デジタル教科書を使う（または使わない）」といった計画にしてしまうと、学習者用デジタル教科書の活用が限定的になってしまいます。こうしたことから、「(教師からの特別な指示がない限り) 使ってよい」という約束事にしておくとよいでしょう。

　いずれにしても、学ぶのは子どもたちですから、子ども自身が教科書の仕組みや上手な使い方を知り、活用できるように教師が指導することが何よりも大切です。

（上江洲）

3 教材研究って 何をすればいいの?

1 外国語活動は、学級の実態や 学校行事との関連を考える
2 外国語科は、定着を目指してスパイラルに 授業を考える

1 外国語活動は、学級の実態や学校行事との関連を考えよう

　外国語活動では「Let's Try!」を使って授業をすることでしょう。まず、単元最後に行うコミュニケーション活動を決めます。言語活動では、目的や場面、状況を設定します。その際、学級の実態や学校行事などとの関連を図れないか考えます。中学年では、外国語が前面に出るよりも、実生活と関連させることで、学習意欲向上とともに、生きて働く言葉として学ぶことが期待できます。

　例えば、「Let's Try! 2」Unit 2 "Let's play cards."では、学級のレクリエーション係の活動とからめて単元のゴールを考えます。新しい学級になって、係も決まり、学級のみんなが仲よくなるために学級レクを行うクラスは多いでしょう。お互いのことがまだよく分かっていないこの時期、みんなの遊びの好みを聞き合う活動を仕組めば、外国語も学べ、学級レクも充実し、一石二鳥というわけです。毎回とはいきませんが、このような子どもにとって自然なコミュニケーション活動を考えたいものです。

　ゴールが決まれば後は簡単です。指導時間を決め、ゴールから逆算してそれぞれの時間の指導内容を決めます。先にゴールが決まっていますから、そこに向かって活動を考えればよいわけです。

　テキスト教材も有効活用します。〔Let's Watch and Think〕は、異文化理解に活用できます。ドッジボールのルールの違いに着目させると面白いです。また、実際に子どもになったつもりで音声や画像を事前に視聴することも大切です。例えば、聞いたことを線で結ぶ活動の場合、音声の途中で止めなければ、

子どもの線を引くスピードが間に合わないことがあります。反対に、集中して聞かせたいときは、わざと止めずに聞かせるとよいこともあります。

2 外国語科は、定着を目指してスパイラルに授業を考えよう

外国語科の教材研究も、考え方は外国語活動と同じです。まずはゴールを決め、そこから逆算します。教材研究のポイントは、子どもが最後に行う活動を自分でもやっておくことです。私は、6年生「小学校の思い出」を発表する単元で、数十年前の写真を使い、My best memoryを紹介しました。子どもは現在の私と昔の写真をニヤニヤしながら見比べていましたが、だんだんと自分たちが取り組むゴールに意識が向いていきました。

デジタルの指導書や教科書にはモデルとなる映像がありますが、ぜひ、教師がプレゼンを用意することをお勧めします。英語が上手くなくてもかまいません。教師がコミュニケーションのモデルになることで、子どもの関心や意欲が格段に高まります。「こういうことができるようになる」ということを明示することを大切にしましょう。

その際、内容も重要です。英語を運用する能力は高くないものの、高学年はかなり知的になっています。だからこそ、他教科での学びを関連させることが有効です。例えば、ただ単に「色」を扱うのではなく、家庭科の学習の「栄養素の色」、「動物」ではなく理科の学習の「食物連鎖」「環境問題」とするイメージです。子どもの知的好奇心をくすぐることを、ぜひ導入に取り入れましょう。

もう一つのポイントは、定着が求められるとはいえ、強制的に教え込むわけではないということです。例えば、"I like banana."と子どもが発話しても、安易に「sが抜けていますよ」と指摘せずに、"Oh, you like bananas."とさりげなく言い換えることからはじめるということです。

ただ単に正しさを求めるだけなら、機械翻訳をすれば済むことです。そうではなく、人間として言葉を学ぶわけですから、気付きを大事にしたいと思います。最初は間違って当たり前で、伝わらないときにどうすればよいのかを考えることこそ人間らしいのだと思います。とはいえ、「書くこと」については、正しいか間違いかが明確になります。特に、アルファベットを四線上に正しく書くことは小学校で定着しておく必要があります。その際にも、単なる反復ではなく、3年生のときの文字の認識から積み上げ、年間を通してスパイラルで定着を図っていくことが大切です。

（江隈）

4 学習者用 デジタル教科書って何?

1 学習者用デジタル教科書の機能を知る
2 授業の1場面で活用する
3 目的を達成する手段とする

1 まずは学習者用デジタル教科書の機能を知ろう

　令和6年度より、外国語の学習者用デジタル教科書（以下「学デ」という）が導入されました。子どもが一人一台端末で、紙の教科書と同様に使用できます。学デは音声や動画、アニメーションなどが含まれており、学習者を支える機能が多く入っています。教科書によって異なりますが、主な機能としては以下のものがあります。

⑴　速度の調整や字幕

　必要に応じて、子どもが聞きやすい速さに変えたり、繰り返して聞いたりすることができます。音声を聞きながら字幕を付けて文字を確認することもできます。歌やチャンツ、単語練習を効率よく行うことができます。

⑵　書き込み

　紙の教科書と同じようにメモをしたり、色をかえて書き込んだり、大事なところをハイライト表示にすることができます。間違ったときや必要がなくなったときに、すぐに消すことができるのが大きなメリットです。

⑶　拡大・反転・ルビ・フォントの設定など

　詳しく見たいところを拡大したり、視覚特性や教室環境に合わせて背景の色を暗くしたり、フォントを変えたり、ルビを追加するなど、自分に合わせてカスタマイズできます。

2 子どもはこうやって使う！　授業の1場面の活用例

(1) 自分に合う学び方を見つける

　今までは音声を聞く時に同じタイミング、同じ速さ、同じ音量、同じ回数を聞いて理解できるようにしていましたが、学デがあることによって子どもは自分に合う学び方を見付けられます。速さを調整したり、聞き取りにくいところを聞き直したり、聞き取れたら字幕を出して一緒に読みながら聞いたり、イラストのみにしてつぶやいたりして使えます。その際、各自で学ぶ時間を十分に確保することが大切です。

(2) 個別最適な学びのツールとして

　できるようになりたいという目標に応じ、自分でツールを選んで学習することができます。既習事項に戻りたければ前の単元の必要なところを聞き直したり、単語が知りたければ教材やインターネットで音声を確認したりするなど、単元末のコミュニケーション活動に向けて、子ども一人一人が自己選択しながら活用することができます。授業以外でも、家庭学習で活用することができます。

(3) 協働的な学びのツールとして

　一人で学習を進めることが難しいときには、少人数で一緒に音声を聞きながら取り組むことができます。コネクターを用意して1台で複数人で同じ音源を聞くこともできます。グループ発表に向けての準備だけでなく、アニメーションを見ながら声優のようにアフレコをしたり、グループで分担して音声を聞き取ったりする活動を行うこともできます。

4 目的を達成する手段としての学デ

　学デはとても便利です。ですが、普及に伴い、学デをはじめとしたICTを活用することが目的になっているような授業も散見されます。あくまでも目的を果たす手段であることを忘れてはいけないと思います。

　大切なのは、子どもが必要に応じて自己選択できる授業構成にすることです。そのためには、単元末のコミュニケーション活動を子どもと共有する必要があります。

　言葉は人と人の関わりの中で学び合い、高め合うものです。あくまでも学デは、言語活動を支えるツールであり、状況に応じて使わない選択肢も示しながら活用していきたいものです。

(黒木)

5 基本的な授業の流れは?

1 毎時間の大まかな流れを同じにしておく
2 子どもが学びやすい授業を構成する

1 毎時間の大まかな流れを同じにしておこう

英語（外国語）で指示を出されることに不安を感じる子どももいるものです。そのため、毎時間の大まかな流れを同じにしておくとよいでしょう。また、黒板の左側に**資料3**のようなカードを掲示し、今日学習する流れが分かるようにするのもオススメです。提示するだけではなく、日本語で簡単に説明を加えておくと、見通しをもたせることができます。

資料3

2 子どもが学びやすい授業を構成しよう

ある単元の3時間目の流れを紹介します。

(1) "Sounds & Letters"

授業の冒頭で音と文字をつなげて聞き取る帯活動を行います。（授業の終末に行う場合もありますが）子どもたちが英語モードに切り替える時間とします。

(2) Let's Sing、Let's Chant

英語の歌やチャンツは繰り返し聞くうちに口ずさめるようになり、自信につながります。みんなで声が揃うと一体感も生まれます。

(3) Picture Dictionary、Small Talk

Small Talkを通して、「何を言っているのだろう」と考えながら聞く態度を育てます。その足場かけとして、必要に応じて単語と出合う"Picture Dictionary"

の時間を設定します。

　5年生は、主に教師が話す英語を聞きながら学級全体で聞き取ります。6年生は、トピックについて最初に教師が話し、それに続けてペアで会話する活動につなげます。子どもたちは「先生の小話タイムね」とSmall Talkを捉えています。ここでは素の自分をさらけ出すと、子どもの関心が高まります。

⑷　Share Time

　Small Talkで聞き取ったことを、隣の友達やグループで共有し、聞き取れたこと、よく分からなかったことなどを学級全体で確認します。授業を考える上で、少し苦手な子も「やってみたい」と思える内容になっているかを常に気を付けています。

⑸　Let's Try

　ペアで子どもたちが話す活動です。手本を見聞きし、イメージをもたせたうえで挑戦します。お互いに英語を話したり聞いたりしながら頃合いをみて、「うまくお互いのことを伝えることはできましたか？」と声をかけます。「どういうところがうまくいったのか」「うまく話せなくて困ったことは何か」等、具体的に意見を出し合い、特にうまくいかなかったことについて、「うまく話せなくて困っているんだけど、どう伝え合えばいいかな？」など全体に問い直します。このような「中間指導」を経て、不安なところをお互いに解消してからペアを変えてさらに挑戦します。

⑹　学びng Time

　個別に自己の学びに立ち返る時間を設定します。主体的に学習に取り組む態度に係る自己調整の力を育む重要な時間です。スプレッドシート（資料4）に記録して子ども同士、子どもと教師で共有するとよいでしょう。分からないところを記入し合い、協働的に課題解決を図ると、集団意識も高まります。

　単元や授業によって流れは変わりますが、子どもたちが学びやすいように授業を構成することを心がけましょう。

（神田）

資料4　スプレッドシート

6 1人1台端末にはどんな使い方が考えられる?

1 子どもたちと世界の距離を縮める
　アプリを使ってみる
2 できるだけリアルを感じることができる
　活用をしてみる

　ICT端末を取り入れた授業で多くの恩恵を得ているのが、外国語ではないでしょうか。そこで本項では、子どもたちと世界との距離を縮めるアプリや、ICT端末の活用方法を紹介します。

1 アプリ「Google Earth」

　自分たちが今いる学校から、遠くの街までひとっ飛びする様子を見せると、どの学年の子どもたちも食い入るように見ます。まず失敗がありません。中学年から教科書などに登場する国や地域に接してきた子どもは、高学年になると教師が示す前にICT端末を使って国や地域の位置を調べはじめます。

2 アプリ「時計」

　世界には時差があることを大人は知識として知っていますが、子どもにとってはそうではありません。「今は午前10:00ですね。では、香港だと今何時だと思いますか?」と問うと、ハテナが頭に浮かびます。ここで、アプリ「時計」を使って子どもたちと時間を確認すれば、時差を知るきっかけになります。また、Google Earthと組み合わせれば、現地の雰囲気を感じさせることができます。

3 アプリ「Canva」

　魅力的なスライドを簡単に作成できるので、意欲が高まります。生成AI機能を併用すれば、自分が作成した文をネイティブの語り口で話してくれます。正しい文になっているかを確認することもできます。

4 アプリ「Clips」（Ipad等）

　自分が話した英語を、同時通訳のように文字にしてくれます。動画を作成する際、ちょっと楽しくアレンジできるので意欲が高まります。

5 5年生での実践「道案内」

　5年生であれば表現が少し増えているので、英語で道案内を行う活動にzoomを取り入れます。まず、ALTにzoomをつないだICT機器を手に児童玄関で待機してもらいます。子どもたちには、「外人のお客様が玄関に来ているからこれから教室への道案内しよう」と呼びかけます（そのお客様がALTであることは伏せておきます）。

　子どもたちは、クラスメイトと協力しながらzoomの画面に対して英語を使ってお客様を案内します。途中、校長室に寄ってもらって挨拶をしたり、廊下ですれ違う養護教諭と言葉を交わしたりしてもらいます。教室に到着するとお客様がALTであることがわかります。察しのいい子はお客様がALTだと分かっていますが、「おぉ!!」と盛り上がります。

6 6年生での実践「小学校生活の思い出」

　zoomを使い、同じ中学校に入学する予定の近隣の小学校6年生同士で My best memoryを紹介し合う交流授業を行います。中学校で共に過ごす仲間との交流はリアルな体験として子どもに期待感をもたせ、中学校生活につながるよいきっかけになるでしょう。

7 全校での実践「ALT の地元を見せてもらおう」

　ALTが自国に戻った後、アラスカとオンラインでつなぎ、白夜を視聴したことがあります。時間を設定し、参加できる学級が直接ALTの育った街を見せてもらうなど、有意義で体験的な学びになったと思います。

＊

　自分が興味をもったことや知りたいと思ったことをその場で調べ、確認できるのがICT端末の醍醐味です。ICT端末は、子どもたちの可能性を広げる道具となります。子どもたちの思考に寄り添い、適切にICT端末を使える教室環境を工夫するように心がけたいものです。

（神田）

7 どんなツールが教室にあると便利?

1 授業を「効率よく進めるツール」を用意する
2 子どもがワクワクするような
　「遊び心あるツール」を準備する

1 基本編

(1) タイマー

　キッチンタイマーやICT端末のタイマーを活用すると時間を見通しやすくなるので、活動が間延びすることなくタイムマネジメントを行うことができ、授業にテンポが生まれます。

(2) チョークライナー

　4線を1本ずつ書くのは効率が悪いので、一気に4線を引ける「チョークライナー」がお勧めです (資料5)。上から3本目だけ違う色のチョークにすることで、正しい高さに書くことを意識付けることができます。定規を使わなくても手軽にまっすぐ線を引くことができるので、子どもの興味を引くこともできます。

(3) 文字指導用4線マグネットシート

　あらかじめ4線を引いてたマグネットシートもお勧めです (資料6)。黒板と色を変えておくことで目立たせることができ、ホワイトボードで指導している学校でも使うことができます。

2 応用編

(1) パペット

　ALTがいないときでも、パペットを活用すれば1人2役で英語でのやり取りを子どもに見せることができます (資料7)。腹話術のようにできなくても大丈夫です。担任が英語を使ってがんばって話している姿を、子どもは温かく見守っ

資料5　チョークライナー

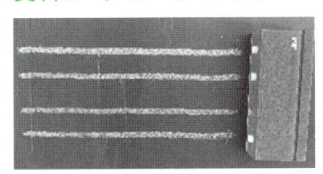

資料6　文字指導用4線
マグネットシート

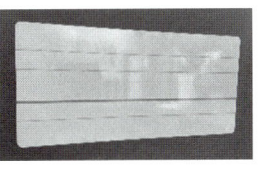

資料7　パペット

てくれます。ただそうはいっても、ぶっつけ本番ではなく、練習してから臨むことをお勧めします。

⑵　地球儀のボール

1人2役でSmall Talkを見せるとき、教師が話しているのか、パペットが話しているのか、状況を把握しにくい場合があります。そんなとき、どちらが話しているのか、視覚的に伝わる工夫として手のひらサイズのボールを活用するのがお勧めです（資料8）。これは、子ども同士でSmall Talkを行う際にも、話し終えたらペアに手渡すルールにすることで会話を膨らませることができます。

資料8　地球儀のボール

⑶　被り物や衣装

買い物や道案内の場面、外国文化に触れる内容のときなど、言語だけでは状況が伝わりにくい場合があります。そんなとき、帽子や衣装など小道具があるだけでも雰囲気がつくれます。

資料9　カチンコ

⑷　カチンコ

単元の最後に、グループで動画を作成することがあります。そんなとき、子どもの意欲をいっそう駆り立てるのに役立つのがカチンコです（資料9）。映画の撮影のように、「3・2・1、Action!」と声をかけてはじめれば、張り切って演じる子どもの姿を見ることができるでしょう。

＊

待っている時間が長くなるほど授業のテンポは悪くなり、日本語でのおしゃべりが増えてしまいます。それでは、せっかくの英語モードから現実世界に戻ってしまうでしょう。そこで、子どもが「ワクワクするツール」を登場させることで、子どもの関心を引き、活動をテンポよく行えるようにすることが大切です。（神田）

8 ALTとはどのように打ち合わせをすればいい?

1 ALTとメインで行いたい活動について詳しく、短時間で共有できる工夫をする

2 打ち合わせのためにシートなどを作成するのではなく、既存のものを活用する

学校によってALTとの授業数は異なります。また、ALTも複数校勤務が多いため、授業の打ち合わせについても短時間で効率よく行えるようにします。

1 自分用の授業メモを打ち合わせで使う

毎時間、授業プランを示しながら打ち合わせできればよいのでしょうが、毎回、打ち合わせ用のシート等を作成するのは大変です。そこで、授業の流れを確認する自分用のメモ（資料10）を英語で書いておき、ALTに共有します。活動名や学習内容を記す程度で十分です。

〈例〉

1　Greeting

2　Let's Listen 1

3　Let's Try

4　Let's Listen 2

5　Reflection

英語版の略案が添付されている教科書であれば併せて活用します。

資料10　自分用のメモ

4th 外国語活動
Unit1 Hello, world! 世界のいろいろなことばであいさつをしよう
　1st lesson

活動	学習内容		
1 Greeting	あいさつをする		
2 Let's Listen1 Please Introduce by yourself.	先生たちの自己紹介を聞こう	1 Mr. Luke 2 Ms. ○○ 3 Ms. Kanda	ex. Hello! My name is Taeko Kanda. I like natto very much. I like light blue. My favorite character is Little My. Do you know Moomin? Little My is a Moomin's friends.
3 Let's Try1 Quiz time	Kafoot!で quiz をしよう		
4 Let's Listen2 P2～3	教科書P2～3のあいさつを聞いて、どこの国かあてよう!		
5 Reflection by tablet	ロイロノートで振り返りをする		

2 板書写真を有効活用し、打ち合わせを行う

　板書写真を活用するのも有用です。毎時の板書を撮影しておき、前時の授業の流れを共有します **(資料11)**。

　板書の各カードの横には、授業展開が分かるように連番を入れて撮影しておき、教科書のページも書いて、本時で学習するところをALTと共有します。加えて、ALTに発音してもらった箇所には、"with ALT"と記述しておけば、スムーズに連携することができます。

＊

　45分間の授業の流れや発話をすべて共有しようとすると、打ち合わせだけで膨大な時間がかかり、ALTにとっても教師にとっても大きな負担になります。そうした負担を軽減するためにも、必要最低限の情報を共有し、本時の授業イメージをもってもらえる工夫を行うことが大切です。

　また、細かな点まで打ち合わせをしておかないことによるメリットもあります。それは、授業中、ALTの意図がわからなかったとき（逆に教師の意図がALTに伝わっていないときや疑問に思ったときなど）、"Sorry, one more time please."と尋ね合うなど、教師とALT双方の間で対話が生まれることです。この（必要に応じて日本語混じりの）英語でコミュニケーションを図る姿を子どもに見せることができるわけです。予定どおりに授業を進めることも大切ですが、こうした自然な英語でのやり取りを体験させることで、子どもの見方・考え方を働かせる授業になることでしょう。

　いずれにしても大切なことは、教師とALT双方の思いや考えを共有することです。授業に限らず、何が好きで、どんなことに興味があるかなど、お互いのことを知り合うことが、ALTとの連携を充実する土台になると思います。　　　　　　**(神田)**

資料11

9 どのようにして授業開きはすればいい？

1 年間通して外国語を学ぶ意味・意義を共有する
2 「外国語を学ぶ」というスイッチに切り替えるきっかけを工夫する

　普段、子どもたちは日本語で担任の教師とコミュニケーションをとっています。それが、外国語の授業になった途端、英語を話さなければならなくなることに違和感を覚える子どもは少なくありません。ここに、「これから外国語を通していろいろなことを学ぶんだ！」とスイッチを切り替える工夫が必要となります。

　その一つの方法として挙げたいのが物語性です。「どうして外国語の学習をするの？」という子どもの疑問に対して、物語を通して答える方法です。

1 物語性のある授業開き

　世界地図と魔女が空を飛んでいる画像をテレビに映し出し **(資料12)**、ジェットほうきを片手に、ジェスチャーを交えながら"I came from England on a flying broomstick. So, I'm very tired and hungry."と伝えます。3年生でもこのくらいであれば、（聞き取れたことをもとにして）どんなことを教師が言ったのかを予想してくれます。

2 外国語を通して学ぶことの意味を考えるようにする

　その後、「なぜ外国語を学習するのかな？」と子どもたちに問いかけます。「いろいろな国の人と話せるように」「他の国の人にも自分のことを知ってもらうため」「大人になって困らないように」などと、子どもたちは思い思いに自分の考えを話してくれます。このように、子どもたちは外国語を学ぶ意義を何となく見いだしています。どれも一生懸命考えて発言してくれたことなので、丁寧に価値付けます。

資料12

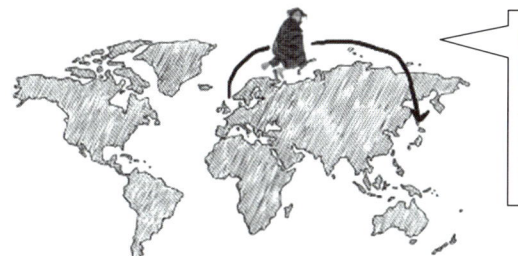

Hello! I'm Taeko. I live in U.K. I have a jet broom. I came to Japan by my jet broom this morning. I'm tired & very hungry.

　その上で、「外国語は、いろいろな国の人と話せる魔法の言葉です」と付け加え、「外国語を使ってどんなことをしたいですか」と問い、個々に考えたことをICT端末で共有します。それぞれの思いを確認し合うことで、子どもたちはモチベーションを上げてくれます。

3 国際理解も交えた授業

　イギリスから新潟までジェットほうきで飛んできた魔女は"I am hungry. I want to eat Big Mac."なのだと子どもに伝えます。これは、ビッグマック指数を使った活動です。「おなかをすかせた魔女は、どの国でビッグマックを買ってイギリスに帰るといいかな？」と課題を伝え、**資料13**を提示します。

　その後、グループごとに、1つだけ答え（国名）を伝えます。それをお互いに"What country?" と尋ね合い、どの国が10位までに入っているか情報を得ます。そうすることで、お互いに尋ね合う必然性が生まれます。そして、答え合わせをしてから、「では日本は何位でしょう？」と全体で予想します。

　この活動を通して、子どもたちは国によって通貨や物価が異なること、（現在は円安なので）日本は意外と物価が安いことを知ります。外国語が入口となって世界への興味が広がれば、素敵な授業開きになります。

　授業開きの際、伊達メガネやサングラスをかけたり、ウィッグを付けたりする同僚もいます。いつもとは違う姿に変身することで、授業開きを盛り上げる工夫の一つだと言えるでしょう。　　**（神田）**

資料13　　　2024年10月21日現在

Big Mac ランキング		
1位（ス　　　）ヨーロッパ		1214円
2位（ウ　　　）中南米		1064円
3位（ノ　　　）ヨーロッパ		1018円
4位（ア　　　）中南米		985円
5位（ユーロ圏）ヨーロッパ		912円
6位（イ　　　）ヨーロッパ		887円
7位（ア　　　）北米		856円
8位（デ　　　）ヨーロッパ		851円
9位（コ　　　　）中南米		846円
10位（ス　　　）ヨーロッパ		842円

とっておきの失敗談②

　私の失敗談を2つを紹介します。

　1つ目は、子どもに求めすぎたことです。私は自分の思いを伝えるために、「この英語も使えたほうがいいな」「いや、これも言えたほうがいいな」と多くの英語を一生懸命教えていました。しかも当時は、みんなが同じように言えるようにすることが大切だと意気込み、手を変え品を変えてさまざまな活動を行っていました。しかし、（当然のことながら）言える子と言えない子が出てきてしまいます。その結果、「外国語の授業は難しい」という声があがるようになってしまいました…。

　この失敗から学んだことは、教師がどれだけ求めても、そこに「子ども自身の言ってみたい、聞いてみたい」という気持ちや思いがなければ、何も身に付かないということです。「英語に関わる技能の習得ばかり子どもたちに求める授業にしてしまったこと」これが私の失敗です。

　2つ目は、外国語活動や外国語の授業では教師がテンションを高くしなきゃいけないと思い込み、どんなときでもハイテンションで授業を繰り返していたことです。子ども同士の揉めごとを仲裁した直後でも、子どもを厳しく指導した直後でも、外国語の授業がはじまった途端、打って変わってハイテンションになる私。子どもたちからしたら相当不自然な姿に映っていたはずです。しかし、英語を使うとはいえ、他教科等と同じ授業です。普段どおりの自分でいいはずだと気づきました。

　この失敗から学んだことは、次のことです。外国語活動・外国語の授業の楽しさは、教師が常にハイテンションでいることではなく、子どもが友達や教師とコミュニケーションを図る面白さを実感することを通して生まれるということです。そのためには、教師である私自身が子どもとのコミュニケーションを楽しむ心構えでいることが大切だったのです。

　などと言いながら、もしかしたら、年齢とともにハイテンションでいることが難しくなってきただけなのかもしれません……。　　　（岩田）

第 3 章

英語の
授業づくり

1 単元のまとまりで授業展開を考えよう

1 各授業においても言語活動を中心とする
**2 単元計画と授業計画を一覧にして
カリキュラムをマネジメントする**

　単元計画を構想するとき、単元最後に行う言語活動（コミュニケーション活動）を先に考え、逆算して計画を立てるのがお勧めです。先に最後の言語活動を具体化しておけば、それまでの間にどんな語彙や表現が必要かを考えながら、各時間の授業を考えられるようになるからです。このように単元最後から授業をつくる考え方は、バックワードデザインと呼ばれます。

1 各授業においても言語活動を中心とします

　上記のようにバックワードデザインで単元の授業展開を構想する際に気を付けておきたいことは、単元の途中においても適切に言語活動を取り入れる必要があるということです。単元終末ばかり意識してしまうと、各時間に行う諸活動を、単元終末に向けた練習にしてしまうことがあるからです。

　そうした考え方も分からなくないですが、単元終末（本番）のための本時（練習）とするのではなく、各時間が本番であり、その活動を積み重ねるといったイメージをもつことが大切です。

　例えば、単元の第1時に言語活動を設定して授業の軸とするといった方法もあります。たどたどしくてもよいので英語を使って自分の考えや思いを伝え（言語活動）、うまくできなかったことや分からなかったことを確認し、学級のみんなと話し合うなどして振り返り（中間評価）、その振り返りを生かして次時の活動に取り組むといった考え方で単元を構想すれば、各時間の活動が単元終末のための練習にならずに済むでしょう。

一時間の授業の流れ

	第1時	第2時	第3時	第4時	第5時	第6時	第7時

ゴールに向かってスモールステップで単元計画（バックワードデザイン）

2　単元計画と授業計画を一覧にしてカリキュラムをマネジメントします

　単元の各時間の授業展開を構想する際、各授業の流れを1〜2頁で示すことも多いと思いますが、それとは別に単元全体を見渡せる表や図を作成しておくと、単元終末の言語活動に向けて、いつ何をするかが俯瞰できるようになります（資料1）。

　加えて、例えば「教師が想定したよりも子どもの取組が進んだ場合」、あるいは「遅れていると見受けられる子どもがいた場合」に計画や授業展開を軌道修正しやすくなります。このような柔軟さをもって単元の授業を遂行することが、教師に求められるカリキュラム・マネジメントだと言えます。

　また、子どものほうにも、単元の最初に「（この単元では）これからどんなことをするのか」「（この単元の）最後にはどんなことをするのか」「それまでの間にどのような力が付いていればよいか」を伝えておきます。

　そうすれば、見通しをもって意欲的に各時間の活動に取り組むことができるようになり、「自分に足りないところは何か」「もっとやってみたいことは何か」を意識しながら自己調整を図れるようになります。

　また、子どもが学習者用デジタル教科書を使うようにするためには、「何をいつまでに自分ができるようになるか」を子ども自身が自覚できるようにすることが必要です。こうした点も踏まえた単元計画となっていれば、教師は自信をもって、子どもも安心感をもって授業に臨むことができるでしょう。（**上江洲**）

2 子どもが単元の見通しをもてるようにするには?

1 何ができるようになるかを示し、
学ぶ見通しをもたせる
2 自分でも調べられるよう、
デジタルワークシートに必要なURLを設ける

　前項では、子どもが単元の見通しをもてるようにする取り組みを行うことについて触れましたが、本項ではワークシートを活用した後者の取り組み例を紹介します。

1 学ぶ見通しをもたせよう

　ワークシートというと各時間で使うものが多いと思いますが、単元の流れが分かるワークシートを活用すると、子どもは自分の学習の見通しをもてるようになります。このタイプのワークシートに盛り込みたいのは、「この単元で何ができるようになるか」です。

　資料2はデジタル・ワークシートで、ゴールとなる言語活動の下に「達成度」(5段階) を示し、各時間ごとに塗れるようにしています。これは、「できたか・できなかったか」ではなく、「時間をかけて少しずつできるようになる」状況を視覚化することを意図しています。加えて、子どもが自己調整することを意図し、「最初の自分」と「最高の自分」を書く欄を設け、振り返りやすくしています。また、各授業の振り返りを書く欄を設け、自分がどのような振り返りをして自己調整してきたのかを一望できるようにしています。

2 自分でも調べられるようにします

　資料2の左下には、「参考情報」という欄を設け、子どもが疑問に思ったことを自分で調べられるURLを列記しています (デジタルですので、ICT端末からURL先にアクセスすることができます)。

Unit7　Where is my treasure?

このUnitのゴール
道案内をしながら、●●町のことをよく知らない外国の方に
自分のお気に入りの場所を紹介しよう

□物の位置や場所の名前を言ったり聞いたりする。
□分かりやすく道案内をしたり、指示を聞いたりする。
□お気に入りの場所を分かりやすく伝えようとする。
□お手本を見ながら、お気に入りの場所を書き写す。

最初の自分　　　　　　最高の自分

【参考情報】
■ NHK for school　キソ英語を学んでみたら世界とつながった
・「Where do you want to go?」
https://www2.nhk.or.jp/school/watch/bangumi/?das_id=D0005140406_00000
・「Go straight. Turn right, left.」
https://www2.nhk.or.jp/school/watch/bangumi/?das_id=D0005140416_00000
・「What is your favorite place i in your town ?」
https://www2.nhk.or.jp/school/watch/bangumi/?das_id=D0005140432_00000

■ NHK for school　英語ビート
・「英語で道案内をしよう」
https://www2.nhk.or.jp/school/watch/bangumi/?das_id=D0005140392_00000

（各Dateブロックについて）
Date 　/
・がんばった
・初めて知った
・前と比べて…
・難しかった
・次回は…
友達から
先生から
ふりかえり　話す英語がわかった【　　　】
英語を使った度【　　　】％

第3章　英語の授業づくり

　近年、「単元内自由進度学習」をはじめとして、子どもの選択・判断に委ね、子ども自らが自分の学びを進めていける学習方法が注目されています。そうした学習方法が子どもの学びを促すためには、「どこに向かって（目標）」「どのように学習していけばよいか（学び方）」「学んだ結果、どんなことができるようになるか（学ぶ価値）」を、子ども自身が知っている必要があります。ここに教師による指導の出番があります。

　この「参考情報」についても同様で、教師がただ「必要なときに使ってみましょう」と声をかけるだけでは、子どもが「参考情報」を活用することはないでしょう（実際にアクセスしてもすぐにウィンドウを閉じてしまう子がほとんどです）。

　そこで、リンク先にはどんな情報があるのか、その情報にはどんな価値があるのかを子どもと共有します。そうすれば、それに適合する場面で子どもは自らアクセスするでしょう。加えて、子ども同士でリンク先を紹介し合えるようにします。教師が示した情報より、友達が教えてくれた情報のほうが役に立つことも多いからです。

　いずれにしても、「ワークシートを使わせる」のではなく、「ワークシートを使って、子どもが自分の学びをデザインする」という視点で活用できるように働きかけるのがポイントです。

　　　　　　　　　　　　　　　　　　　　　　　　　　　　（江尻）

3 単元の導入は どうすればいい?

1 「旬」を導入に取り入れる
2 単元のゴールとなる言語活動の
　イメージを共有する

1 「旬」を導入に取り入れよう

　新しい単元に入る際には、"今度はどんな学習をするのだろう？"と子どもたちはワクワクします。ぜひ、導入をひと工夫し、子どもを単元の世界へ一気に引き込みましょう。そうするためにも、「今、話題になっている出来事」「今年の旬」にはどのようなことがあるか、日頃からアンテナを張っておくことが大切です。

　授業においては、教科書を使うことが基本となりますが、子どもたちの実態に合わせることが重要です。「今年は、こんなアレンジを加えたら学びがさらに深まった」という単元を増やすことを通して、指導力がレベルアップしていきます。

　例えば、2024年は「パリオリンピック・パラリンピックイヤー」でしたので、私は旬を逃さず、6年生の国紹介の単元で取り入れることにしました。教科書単元のゴールは、「自分が行きたい国を紹介しよう」です。

　そこで本項では、単元で押さえるべき言語表現をしっかり盛り込みながら、どのように単元のゴールを目指すのか、1時間目の流れを紹介します。

2 単元のゴールとなる言語活動のイメージを子どもたちとじっくり共有しよう

　まず、新しい単元の歌とチャンツを聞きます。どんな内容かをじっくり想像できるようにします。「行きたい国を紹介し合っているんじゃないかな？」と

いうアイデアが出たところでSmall Talkを行います (資料1)。

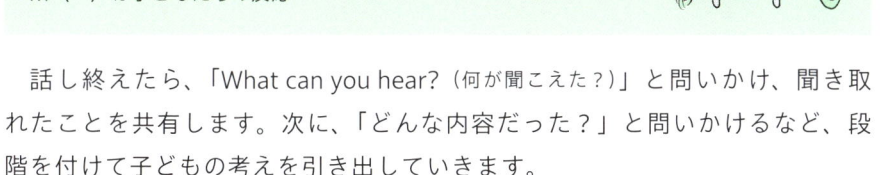

【Small Talkの内容】

Let's start Small Talk. Please watch TV & listen to me.

Please guess! Do you know this sports?（車椅子ラグビー）

That's right. I watched wheel chair rugby game on TV. It was exciting.Did you watch Olympic or Paralympic game?（Yes! / No.）

Wheel chair rugby is from Canada. Canada is a very beautiful country.

You can see Capilano bridge. It's long. I slipped here. It was a little bit dangerous but very beautiful. Where do you want to go?

※（　）は子どもたちの反応

　話し終えたら、「What can you hear?（何が聞こえた？）」と問いかけ、聞き取れたことを共有します。次に、「どんな内容だった？」と問いかけるなど、段階を付けて子どもの考えを引き出していきます。

　今度は、改めて"Where do you want to go?"と尋ねます。何人かが行きたい国を話してくれたら、歌やチャンツにも出てきたフレーズの意味を確認します。このとき、すぐに日本語に訳すのではなく、まずはどんな内容だったのかを想像しながら考える時間を設け、子どもの発言内容を褒めて価値付けます。

　その後、ペアでどこに行きたいかを尋ね合います。

　最後は、教科書を参考にしながら、「オリンピック・パラリンピックに関連付けて興味をもった国について、紹介し合おう」（本単元のゴールとなる言語活動）を設定し、その国のあまり知られていない情報も入れて伝え、「『へぇ～！』をもらおう」という目標を加えます。

　このように「旬」を取り入れる大きなメリットは、関係する情報がテレビやインターネットで多く流れてくることです。そのことにより、「これを伝えたい！」という意欲が子どもにどんどん生まれてくることが期待できます！　　　　**（神田）**

4 チャンツを使いこなそう

1 聞く姿勢を育てる
2 授業と関連させる
3 表現の改善に活用する

　英語の歌の意味がはっきり分からなくても、何度も聞き続けているうちにリズムにのれたり、自然と口ずさんだりすることがあるものです。このような「何となく分かったような気になる」という素敵な思い込みをもてるようになるのがチャンツです。

1 単元の前半（1〜3時間目）は、チャンツで聞く姿勢を育てます

　チャンツを流し、「どんな音が聞こえた？」「聞き取れた言葉はあったかな？」「このチャンツは何の話をしているんだろう？」などと問いかけながらざっくりとした内容を掴めるようにします。

　また、ちょっとしたことであっても、聞き取れた子がいれば「すごいですね！〇〇と□□が聞き取れたのですね。では、その言葉だけでもはっきり言ってみましょう。もっとほかの言葉も言える人はどんどん一緒に口ずさんでいいですよ」などと価値付けます。自分にも分かる言葉を自覚しながらチャンツを聞くことで、次の学習への見通しをもたせることできます。

　聞き取れる単語が毎時間増えていきます。単元の前半では、正確に聞き取れるようになることよりも、聞く姿勢を育てることを重視します。

2 単元の中盤（4〜6時間目）は、チャンツを授業と関連させます

　耳が慣れてくると、多くの子どもが口ずさめるようになってきます。この段階になったら、「You can sing.の後に何か1つ言葉を言っているみたいだけど、聞き取れた人はいますか？」と尋ねて、"well（上手に）"を引き出すなど、授業

の内容と関連させます。

　カタカナ英語になったり、英語特融の抑揚や強弱が見られなかったりする場合は、チャンツの一部分だけを繰り返したり、スピードを変えたり、歌詞を表示しない設定にしたりして、子どもの気付きを促すようにします。

　単元の中盤では、チャンツの学びを促進するツールとして使います。

3　単元の後半（7〜8時間目）は、チャンツを表現の改善に活用します

　単元後半には、個別にチャンツを聞く場面を設けることが考えられます。目的は、自分が話したい表現の完成度を上げることです。個々に（イヤホン等で）チャンツを聞き、自分が話そうと思っていることと比べながら、表現を付け加えるヒントを得るといった活動も、単元の後半には有効です。そして何より、クラスみんなの声がそろう一体感が、学ぶ楽しさにつながります。

4　その他のチャンツ活用方法

(1)　準備時間のBGMとして流す

　例えば「チャンツが終わるまでに準備を終わらせましょう」と指示してチャンツを流すと、準備できた子が自然と口ずさみながら待ちますし、自然な形で聞き慣れる環境をつくることができます。

(2)　替え歌の原版にする

　前単元で子どもたちが話した表現を教師がチャンツとしてまとめておけば、復習用に活用することができます。また、単元内で活用するチャンツを「替え歌にしよう」という言語活動を行うこともできます。

　替え歌は、クラスによって、あるいはグループや個人によって違うものになるため、他の作品も聞いてみたいという意欲も高まります。また、音声や動画データとして残しておけば、翌年、「昨年の5年生がつくったチャンツだよ」と見せ、活動への動機付けを高めることもできます。 **(神田)**

〈過去に作成したチャンツの例〉
動画化したチャンツを視聴することができるQRコードです。
子どもの声はAIの音声に編集しています。

5 新しい単語や表現は どう導入すればいい？

1 Teacher's Talkの場面から
　教師が話す英語の内容を想像させる
2 同じ表現を何度も繰り返しながらやり取りする

1 Teacher's Talkの場面から想像させよう

　新しい単語の導入というと、教師がめくったフラッシュカードの単語を発音したり、意味を唱えたりすることをイメージしませんか？　そのやり方が悪いわけではありませんが、これからの外国語教育を担うみなさんには、もっと子どもの感情によりそった導入をできるようになってほしいと思います。

　3年生「Let's Try! 1」Unit 4 "I like blue."であれば、教師が自分の好きな色の物を子どもに見せながら、"I like pink."と話します（私はピンクのカバーの付いた水筒をいつも使用しています）。子どものほうは、教師が突然英語で話しかけてくるので驚いた表情をしますが、何度か繰り返します。その際、"自分は本当にピンクが好きなんだ"ということが伝わる表情で伝えます。

　すると、「好きって言ってるんじゃない？」とつぶやく子どもが現れます。そうすればしめたもの。（"そのとおり！"という表情で）"That's right."と言って子どもを誉め、さらに"Do you like pink?"と尋ねます。きょとんとしていたら、"I like pink. Do you like pink? Yes? No?"と例を出して話しかけます。

　このときに大事なことの一つは、すぐに訳さないということです。訳してしまうと、子どもは"英語を聞かなくてもすぐに先生が日本語を教えてくれるから大丈夫だ"と考えるようになるからです。そこで、すぐに訳さず、"英語をしっかり聞いて、何を伝えたいか推測しよう"という考えをもたせるのです。

　もう一つは、単に英語で話し続けて意味を推測させるのではなく、子どもがその英語の意味がつかめるように工夫することです。低学年の子どもに対して、

"日本語での指示"が伝わるように工夫するのと考え方は同じです。

　子どもが理解していなかったら、繰り返し言ったり、簡単な言葉で言い換えたり、図や絵で捕捉したり、ジェスチャーで表したりしながら、子どもたちの想像を膨らませます。英語の指示内容を理解して行動に移している子どもがいれば、「おっ、Aさんは分かったみたいですね」と声をかけます。すると、まだ理解できていない子どもはAさんの動きに視線を移し、教師が英語で何を指示したのかを推測するでしょう。

　このとき重視したいのが、自分で英語の意味を理解できたと子どもに思わせることです。そのためには、あの手この手を使って英語で話しかける試みを続けます。すると次第に、"あれ？　わたしは英語が分かっちゃったのかな？"と考えはじめる子どもが増えていきます。これはよい勘違いであり、それが成功体験となって学ぶ意欲が高まっていくのです

2　同じ表現を何度も繰り返しながらやり取りしよう

　どんな話題についての話かを子どもが理解できたら、何度も同じパターンを繰り返します。ピンクが好きかを尋ねて、"Yes."と答えた子どもに対しては、"Me, too."と返し、"No."と答えた子どもに対しては、ちょっと悲しそうな顔をして、"O.K. Do you like black?"と問いかけて話題を続けます。

　言語活動が充実するために重要となるのが具体の場面であり、教師の表情や声色もその一つです。役者のように振舞ってみることをお勧めしますが、このとき「教師自身が本当に思っていることを話す」ことが大切です。例えば、昨日の授業では"I like pink."と言っていたのに、今日の授業では"I like blue."と言っていては、「授業だから言っているだけなんだな。先生は別にピンクもブルーも好きじゃない」と子どもは受け止め、言語活動への熱意が冷めます。

　英語表現を理解できたら、別の単語も実物や絵カードを使って紹介します。その際、子どもが日常的に耳にしている外来語から導入します。カタカナで聞き慣れた外来語の発音を聞かせると、驚きをもってその違いに気付きます（例：マクドナルドとMcDonald'sなど）。その後で、日本語と似た発音の外来語を扱うのもおもしろいでしょう（例：メロンとmelon）。

　日常生活を送る中で、自分が好きな色は何色かを伝え合うようなことは少ないから、英語で伝え合うというのは子どもにとっても新鮮で、友達とよりいっそう仲よくなるチャンスにもなりそうです。

（江隈）

6 クラスルームイングリッシュを取り入れよう

1 よく使う言葉からはじめる
2 実物や動作を交える
3 使いながら子どもと
　クラスルームイングリッシュを育てていく

1 リストを用意しよう

　クラスルームイングリッシュとは、教師が外国語活動・外国語科の授業内で使う英語のことを言います。例えば、挨拶や質問、指示、ほめる表現などがこれに当たります。

　外国語の授業では、教師が英語を使って話をすることで、教室内で英語を聞いたり話をしたりする雰囲気が醸成され、子どもたちも慣れ親しむようになります。つまり、授業が英語を使った（教師と子ども、子ども同士の）コミュニケーションの場になっていくということです。

　これは、教師の英語レベルに左右されるものではありません。教師がクラスルームイングリッシュを積極的に使おうとする姿勢を見せることこそ重要で、それがあるかないかでコミュニケーションに対する子どもの姿勢が大きく変わってくるのです。

　では、どのようなクラスルームイングリッシュを、どのように使えばよいのでしょうか。まずは、授業中によく使う指示を英語にするとよいでしょう。また、インターネットで探したり、ALTに聞いたり、ChatGPTに相談したりしてリストを作成し、常に手元に置いておくようにします。いつも目にしながら使っていくことで、徐々に自然と口をついて出る英語が増えていきます。

2 伝わらないときは実物を見せたり動作を交えたりしよう

　教師が日常的にクラスルームイングリッシュを使っていても、子どもに伝わ

資料1　主なクラスルームイングリッシュ・リスト

今日は何月何日ですか。 ―4月25日です。	What's the date today? — It's April twenty-fifth.
今日は何曜日ですか。 ―金曜日です。	What day is it today? — It's Friday.
目標を一緒に読みましょう。	Let's read the goal together.
前に来なさい。	Come to the front.
席に戻りなさい。	Go back to your seat.
ペアになりなさい。	Make pairs. / Get into pairs.
相手を変えなさい。	Change partners.
やりたい人はいますか。	Any volunteers?
私のまねをしてください。	Copy me.
あと1分です。	One minute left.
授業の振り返りをしましょう。	Let's review today's class

らないこともあります。こうしたときこそ、教師と子ども双方にとって学びのチャンスです。

　例えば、"Make pairs. (ペアをつくりましょう)"という指示したものの伝わらなければ、両手の人差し指を近付ける動作を行い、ペアをつくるイメージを伝えるとよいでしょう。また、"Good job. (よくがんばったね)"とほめる表現であれば、親指を立てて笑顔を見せながら発音すると伝わりやすいと思います。

　Small talkなどで教師自身のことを話す場面であれば、写真や実物を交えて話すことで、その意味が子どもに伝わりやすくなります。とはいえ、実物や動作はあくまでも補助だと考えておくことも大切です。

　学習指導要領は、次のように示しています。

> ウ　ゆっくりはっきりと話されれば、日常生活に関する身近で簡単な事柄について、
> 　短い話の概要を捉えることができるようにする。　　　　(第2―1―(1)「聞くこと」)

　このことは、小学校卒業時に、クラスルームイングリッシュを聞いてその意味を捉えられるようになることを意味しています。子どもたちが自転車に乗る練習をする際の補助輪を外していくイメージで、実物や動作をどれくらい示すのがよいかを考えながら指導するとよいでしょう。　　　　　　　　　　**(岩田)**

⑦ ALTと授業するうえで大切にしたいこと

1 ALTは一緒に授業をつくり上げる
パートナーなので、アイデアを出し合う
2 ALTに文化の伝え手としての活躍の場を
設定する

1 ALTは一緒に授業をつくり上げるパートナー

「仕事をしていて悲しかったことは何ですか？」

これは、ALTの先生と親しく話ができる間柄になるとしている質問です。

異国で暮らす彼ら・彼女らにとって、職場は日本社会と深くつながる場であり、自己実現の場です。専科教員としてこれまで多くのALTと仕事を共にしてきた私は、日本で仕事をしていてどんな思いをもっているのかが気掛かりなのです。

さて、一番多いのが次の回答です。

「私は単語の音声を子どもに聞かせることしか任せられていません。Team Teachingをする相手として、先生方から認めてもらえていないのではないかと心配なのです」

ALTは大切なパートナーですから、敬意をもって接することはもちろんですが、相手を信頼し、互いにアイデアを出し合いながら、共に授業をつくっていくことが大切だと思います。

また、子どもにとってALTは最高のパートナーです。英語表現を使って話をし、その内容を外国の方が理解してくれたという体験は、外国語を学ぶうえでこれ以上ない機会となります。そこで、ALTが子どもたちとコミュニケーションを図れる活動を意図的に設定し、積極的に関わってもらうことが大切です。

2 ALTは文化の伝え手

外国語活動の目標のうち「知識及び技能」に関わる目標について、学習指導

資料2　ALTと打ち合わせる主な内容

年度初め	１年後の目指す子どもの姿や実態について情報を共有する。
各単元	単元目標やゴールとなるコミュニケーション活動の内容、どの場面で何を評価するかについて共有する。
各授業	互いの役割を確認し、アイデアを出し合う。

資料3　打ち合わせで使える表現

「ねらいはAとBの表現の慣れ親しみです」	The aim of the lesson is for the students to become familiar with the phrases "A" and "B".
「この部分はじっくりと取り組みたいです」	I want to teach this part carefully.
「聞く活動で何かいいアイデアはありますか」	Do you have any ideas about listening activities?

要領は次のように示しています。

　このように、外国語活動では、言語や文化を知識のみによって学ぶのではなく、体験的に理解することが求められているのです。例えば、「Let's Try! 2」Unit 5 "Do you have a pen?"の〔Let's Watch and Think〕では、「えいぞうを見て、世界の子どもたちのかばんの中身について、気付いたことを口に書こう」とあります。この活動の後、ALTが自分の小学生時代の写真を見せながら、実際にかばんを取り出したら、子どもたちはどんな反応をするでしょう。きっと興味津々になって、カバンから何が出てくるかを前のめりで見たり聞いたりするのではないでしょうか。単に鉛筆はpencilだと知る話ではないのです。

　ALTは日本に住む中で文化や習慣の違いをリアルタイムに感じて生活しています。それらの気付きについて、教師とALTが会話する様子を子どもに見せたり、Show and Tell形式でALTが実物を提示しながら子どもたちに自国の文化や習慣を伝えたりすれば、外国語を通じて文化や習慣についての生きた情報を子どもは得ることができるでしょう。そうすれば、子どもたちはALTとの交流を通じて、体験的に異文化を学んでいくことができるようになるのです。 **(後藤)**

第3章　英語の授業づくり

8 板書の上手な活用法

1 どこに何を書くのかイメージをもっておく
2 子どもの気付きや言葉を大切にした板書にする

1 どこに何を書くかイメージをもっておこう

めあてとその授業で行う内容（以下「Plan」）を板書で示すようにします **(資料4)**。めあては上部、Planは左端がよいでしょう。どこに何を書くか、写真や動画を映すスクリーンを使うのか、それとも使わないのかといったイメージをもっておくことが大切です。

Planを表記する際、英語を使用する場合と使用しない場合がありますが、3年時は短い日本語で表すのがよいでしょう。4年時は、活動名をそのまま英語で表記しますが、ジェスチャーとともに読み上げたり、英語で書いた活動名の最後に、簡単なイラスト（例：〔Let's Listen〕の後に🔊マーク）を添えたりします。これを積み重ねることで、英語を聞いて分かろうとする態度を育てます。

5・6年生の外国語科では、基本的に英語で表記します。ただし5年時の最初のほうは、4年時と同様、語尾にイラストを添えます。また、ときどき子どもに読み方を尋ねるようにします。そうすることで、文字と音の関係に興味をもち、未習の単語でも読もうとする態度が育ち、中学校の学びにつながります。

2 子どもの気付きや言葉を大切にした板書にしよう

新出単語の絵カードを貼るときも一工夫をします。例えば、5年生「できることを伝えよう」の単元では、play soccer, play baseballを紹介した後、play the pianoは別の場所に貼ります。do judoも別の場所に貼ります **(資料5)**。その後、play the recorderのカードを見せ、どのグループに入るか考えさせます。

子どもは、「できることを表すのにも、the（子どもは主に音で判断しますが）が付いていたり、playと言わないこともあるんだな」と気付きます。子どもに気付いたこ

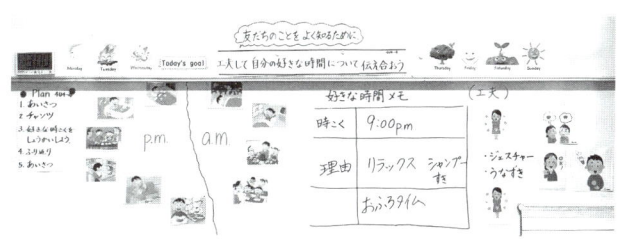

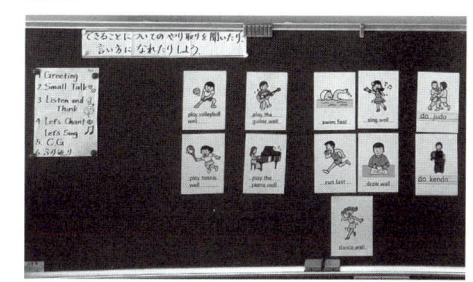

とを発表させ、それを簡単な日本語や記号・イラストで板書に位置付けます。板書として残しておくと、それを振り返りに使う子どもも出てくるでしょう。

　小学校における外国語教育は音声中心です。話したり聞いたりしたことは形に残らないため、子どもの気付きを板書に残すことはとても大切です。加えて、小学校では文法を学習しませんから、子どもの気付きを重視しながら、中学校での学びに期待感をもたせるようにします。

　また、単元終末のコミュニケーション活動でも板書が活躍します。例えば、中学年「工夫して友だちに好きなものを伝えよう」であれば、どんな工夫があるかを考えさせ、板書に位置付けます。

　子どもたちからは「はっきり言う」「繰り返して言う」「Me, too.を言う」といった意見が出るでしょう。それを短い言葉で板書します。"Me, too."のような英語表記の場合には、イラストを用意しておくとよいでしょう。

　高学年「相手のことを考えて自分の町の紹介をしよう」では、相手によく伝わるにはどんなことをどのように話せばよいか考えさせます。「様子を付け加えて言う」「相手にそれを好きか聞く」といった意見が出るでしょう。中学年と同じように短い言葉で板書します。

　板書にポイントが記されていれば、子どもは自分の内容に合わせて取り入れようとします。板書は構造化が大切だとよく言われますが、小学校外国語教育においても、その時間に学んだ足跡が残る板書にしたいものです。　　　　**（江隈）**

とっておきの失敗談 ③

　高学年の言語材料は長い表現が多くなることから、私は単元終末に設定した言語活動を行うために、「たくさん練習させなくては、子どもたちは本番で言えるようにならない」と思い込んでいました。

　8時間単元の3時間目の授業の冒頭です。今日はどんな活動するのかとわくわくしている子どもたちを前にした私は、「本番でちゃんと言えるように今日はいっぱい練習しよう」と言いました。すると子どもたちの表情が、一瞬にしてどよーんとつまらなそうな表情に変わったのです。

　このときのことを今も、昨日のことのように覚えています。それくらい私にとってはショックで、これまでの「練習を積み重ねてから1回きりの本番で成功体験させる」という過保護な指導スタイルから、「子どもにとっては、どの活動も本番。何度も挑戦させよう」と、自分の指導観を一変させる出来事となりました。

　教師は、目の前の子どもの興味・関心などの実態を踏まえ、表現を使って気持ちや考えを伝え合う言語活動を設定し、何度も表現に出合わせます。子どもの推測する力や気付きを信じ、挑戦する場数を踏ませることを通して、子ども自身が、表現の使い方や適切な使用場面を実践から学んでいくのです。

　大切なのは活動させっぱなしではいけないということです。言語活動の途中で、子どもが言いたかったけど言えなかった表現を確認したり、気付いたことや困ったことを全体共有したりすることで、個の学びを全体に広げるのです。教師が子どもの気付きを大切にしながら授業を展開することで、挑戦したい気持ちが高まるといった学びのスパイラルが生まれ、子どもの主体的な姿が見られるようになります。

　やはり、「練習を積み重ねる」では子どもの意欲を喚起することはできず、「いつでも本番、場数を踏む」という指導観をもって授業に臨むことが大切なのだと思います。

（後藤）

第4章

英語の指導技術

1 英語が得意でなくても子どものモデルになれる

1 伝えたい・言ってみようという気持ちを大事にする
2 言えた言葉をつなげて、表現をふくらませる

1 伝えたい・言ってみようという気持ちを大事にしよう

　授業で子どもが陥りやすいのが、"英語を正しく言えないから、不安だな"という気持ちが強くなり、英語を使ってコミュニケーションを図るのを躊躇してしまうことです。こうした気持ちになるのはとても自然なことです。日本では、日常生活において外国語を使うことはまずないでしょうから。

　そのような意味で、「英語が不十分なのは当たり前」です。だからこそ何よりも大事なことは、「伝えたい・言ってみたい」という気持ちが、「正しさ」を求める気持ちを上回るようにすることです。

　そのために必要となるのが、教師の言動一致です。

「間違ってもいいんだよ」と言いながら子どもの間違いを指摘する、「自分は英語が苦手だから」とALTに日本語で話しかけるといった姿を子どもたちに見せていては、子どもたちの不安感を払拭することはできません。

　そのため、何よりも教師自身が「正しい英語でなければならない」という気持ちを強くもちすぎないことです。それに、子どもと共に学ぶという姿勢をもって授業に臨めば、英語が苦手な先生であるほど、子どものコミュニケーション能力を高めるモデルになれるでしょう。

　それくらいの心持ちで、積極的に英語を使ってALTに話しかけてみましょう。ALTが言ったことの意味が分からなければ、何度でも"One more time, please."と言えばいいのです。そんな教師の姿を目にした子どもは、"先生だってよく分かっていないのに、たくさん英語を使っている"、"分からないときは、あん

なふうに言えばいいんだ"と受けとめてくれることでしょう。

「英語は分からなくてもいいよ。分かるように、少しずつチャレンジしていこう」と100回言うよりも、たった1回の"One more time, please."のほうが子どもの心に響くといったことは大いにあることです。教師は英語を教える立場にあるけれど、英語を使ってコミュニケーションを図ろうとする子どものモデルになるんだと考えてみてはどうでしょうか。そうすれば、子どもたちのほうも、だんだんと間違いを恐れずに英語を使おうとするでしょうし、そうした子どもの姿が見られたらすかさず称賛すればよいのです。

2 言えた言葉をつなげて、表現をふくらませよう

ここでは、6年生の「夏休みの思い出」という単元を例にします。本単元では、①"I went to the sea."、②"I enjoyed fishing."、③"It's fun."といった表現を使い、夏休みの思い出を伝え合います。このとき、この3つの表現を、単元の前半から子どもが正しく言えるようにしようとすれば、何度も繰り返し練習を課さざるを得なくなり、子どもたちがただ覚えようとする記憶力偏重の授業にしてしまうでしょう。

そうならないようにするために、"I went to the sea."と言えるようになる前段階として、「海に行ったことを友達に伝えたい…」「もっと言いたいことがあるんだけど…」といった思いを引き出すことです。

そこで、「どこの海に行った？　誰と行った？　どうだった？　何をした？」と問いかけていきます。すると、「天草の海に」「家族と」「海がとってもきれいだった」「魚釣りをした」といったように、伝えたい思いが広がっていきます。

今度は「みんなが答えてくれた『家族』や『魚釣り』という単語を英語にすると、どんな表現になるかな？」と問いかけ、「家族はFamily」「魚釣りはFishingかな」といった発言を引き出します。そうするうちに、だんだんと"I went to the sea. Family. Fishing."と言える子どもが現れます。そうしたら、"You went to the sea with your family. You went fishing."と返し、"あなたの英語は伝わったよ"という思いを込めて価値付けます。

大事なことは、子どもが「どう言ったのか」ではなく、「どんなことを言ったのか」（内容）に目を向けることです。そうすれば、子どもが言えたこと、言おうとしたことを価値付けることができ、教師が温かく受け止めてくれたという経験によって「もっと表現したい」という気持ちが高まります。　　　　（岩田）

2 外来語と英語を 比べて気付きを促そう

1 違いに気付かせて、言葉への関心を高める
2 活動を変えて、
何度も繰り返し楽しめるようにする

1 違いに気付かせて、言葉への関心を高めよう

　英語には、ふだん子どもがよく使う外来語と似ているけれども、発音が異なる言葉がたくさんあります。このことに関して、「小学校学習指導要領解説 外国語活動・外国語編」(49頁) は、以下のように示しています。

> 　英語に初めて触れる段階であることを踏まえると、外来語など児童が聞いたことのある表現や身近な内容を活用し、中学年の児童の発達の段階や興味・関心に合った身近なコミュニケーションの場面で、英語でのコミュニケーションを体験させることが大切である。
>
> (下線は筆者)

　ここでは、3、4年生で動物を題材にする場合の導入を考えてみます。

　まず、動物の絵カードを黒板にいくつか貼ります (資料1)。次に、動物の絵カードを指さしながら、"What's this?"(または、"How do you say this in English?")と子どもに尋ねます。

　一番左の猫の絵であれば、「ねこ」とか「キャット」と答えるでしょうから、教師は"That's right."などと言いながら、"In Japanese, it's neko. And, in English, it's cat."と英語の説明に言い換えます。

　今度は、犬の絵を指さし、"In Japanese…"と言い、間を取って考えさせます。「犬」と出たら、"In Japanese, it's inu."と言い換え、"In English…"と間を取ります。子どもから"It's dog."と発言があったら同様に繰り返します。

　おもしろいのは、ペンギンやカンガルーです。英語でどう発音していいか分からず、発言に躊躇する子や、おもしろがって独自の発音やアクセントで言う子が表れます。その後、"penguin"や"kangaroo"と英語の発音を聞かせるようにします。

　ここまでくれば、動物の絵カードをランダムに指さしながら、"In Japanese…""In English…"と言うだけで盛り上がってきて、楽しみながら多くの気付きを促す活動となります。

2 活動を変えて、何度も繰り返し楽しもう

　そもそも子どもは楽しいことが好きですし、中学年であれば繰り返しも好みます。そこで、次のような活動をすることも考えられます。

> ［外来語ダウト］英語での動物の言い方に慣れ親しむ際に、外来語の部分をわざと教師が日本語での言い方で発音する。子どもはそれに気付いたら「ダウト」と叫ぶ。
> ［外来語ミッケ！］「動物以外の外来語とも比べたい」という子どもの思いを引き出し、ALTや高学年に尋ねたり、情報端末を使って調べたりすると、音へのさらなる気付きにつながる。

　また、ALTがいる場合は、日本人教師は常に外来語で発話することを徹底し、そのたびごとにALTが注意して英語で発話してもらうようにします。そうすると、子どもは音に注目するようになり、いつの間にか英語を意図的に話すようになります。

　このように、身の回りにある外来語と英語の違いを意識できるようにすることで、子どもの興味・関心を高めていくことができるでしょう。　　　　　　**(岩田)**

すぐに訳さずに想像を かき立てる工夫をしよう

1 想像しながら聞けるようにする
2 外国語を聞いて分かるプロセスを意識する

1 想像しながら聞けるようにしよう

　授業をしていて、"英語で話したことが、子どもたちに伝わっていない気がする…"という気持ちになることもあるでしょう。そんなとき、私たち教師はつい、日本語に訳して意味を伝えてしまいたいという心理が働きます。

　しかし、（他の項でも触れましたが）教師がすぐに訳していると、"何を言っていたのか分からなくても、少し待てば先生が日本語で言ってくれる"、"英語は聞かなくても（理解できなくても）いいや"という待ちの姿勢を、無意識のうちにもたせてしまいます。

　それではいつまで経っても、英語を使ってコミュニケーションを図ろうとはしないでしょう。そこで、教師が工夫を凝らし、"先生は、英語でどんなことを言っているんだろう。知りたい"と思える積極的な聞く姿勢を育てることが大切です。

　そのためにまず、想像しながら英語を聞けるようにしていきます。例えば、教師が話しはじめる前に、話す内容に関わる絵カードや写真を提示するのもよいでしょう。そうするだけでも、話された英語の内容を推測しやすくなります。

　あるいは、英語を使って話しながら絵カードや写真を提示するのも有効です。教科書に掲載している会話などを動画で視聴させる活動でも同様です。最初に教科書の絵や写真、文を子どもに見せて想像をかき立てられれば、子どもの意欲や理解のしやすさは格段に上がります。

　ただし、絵カードや写真はあくまでも子どもの理解を補助するものですから、

子どもの学習状況に応じて、絵カードやジェスチャーといった補助を減らし、それらがなくても聞き取れるようにしていきましょう。

2 外国語を聞いて分かるプロセスを意識しよう

このように、「英語で話されている内容を想像しながら聞く」という力はとても大切です。外国語を用いてコミュニケーションを図ろうとする態度育成につながるからです。

実際、流暢に英語を話せる人でも、すべての英単語、すべての英語表現を正しく聞き取れているわけではありません。その相手とのこれまでの会話内容や会話している場（シチュエーション）などを踏まえ、相手の表情を読み取り「相手は何を言おうとしているのか」を想像しながら（会話の内容を補完しながら）理解しているのです。そのため、こうした情報を得られないラジオニュースで流れてくる英語は理解しにくいという人もいます。

こうしたことから、英語でやり取りをする際には、上記に挙げた会話内容を理解するプロセスを意識し、子どもたちが活動を行う目的や場面、状況をつかめるようにします。

ただ、そうは言っても、それほど難しいことではありません。授業開始時のSmall Talkであれば、（前述したように）写真や絵を1枚見せるので十分です。それだけでも、どんな話の内容なのかを推測しやすくなります。

その後、教師とALTの会話を聞かせ、次のように問いかけます。
「どんな音が聞こえてきましたか？」

子どもは、「意味がわからなかったけど、ワッツなんとかって言っていた」などと発言してくれるでしょう。子どもの理解状況によりますが、先の問いに続けて、次のようにレベルを上げて（段階を付けて）問いかけていきます。
「分かった言葉にはどんなものがありましたか？」
「どんな話でしたか？」

その後、聞き取れたことをペアやクラスのみんなで話し合う時間を設けます。すると、お互いに聞き取った音や言葉を組み合わせて、「こういう話をしているんじゃないかな」と考えはじめます。こうしたプロセスを踏むことが、外国語を聞いて理解しようとする体験となります。

このように、すぐに訳してしまうのではなく、分からないなりに会話の内容を想像させる工夫を凝らすことが大切なのです。

（岩田）

4 中間指導を充実して既習事項を引き出そう

1 中間指導の主な内容を確認する
2 中間指導は早めのタイミングで行うようにする

1 中間指導の主な内容を確認しよう

　外国語教育では、「中間指導」(「中間評価」)という言葉が使われます。これは、既習事項を引き出す等の目的で行われるものです。文部科学省Mext Channel (https://www.youtube.com/watch?v=TWg-IB1wfYE&list=PLGpGsGZ3lmbCsze5PvMhQ1TS-jXEZKA4f&index=1) でも紹介されています。本項では、中間指導をどのように行えばよいかを確認します。

　中間指導とは、読んで字のごとく、活動と活動の中間に行う指導です。例えば、友達とやり取りの場面でうまく言えなかった子どもが、何度ペアを変えても言えないままであった場合などに行い、その子のやり取りに変化が生まれることを目指します。中間指導の内容は、主に次の3つに分けられます。

> ［中間指導①］言いたいけれど、英語で言えないことを考え合う。
> ［中間指導②］友達のよい面を見て、自分に活かす。
> ［中間指導③］今している活動が、目標に向かっているかを立ち止まって見直す。

　最初の活動で子どもの様子をしっかり見取り、上記の3つのうち、どこをターゲットにするかを判断します。型にはめるような中間指導では効果を期待できないからです。

　［中間指導①］の場合には、「言いたかったけれど、言えなかったことは？」と問いかけ、今まで学習したことを使って言えないかを考えさせます。

高学年では定着が求められるので、既習事項を引き出せるように、使う機会を何度もつくります。既習事項だけで言えない場合は、どう言えば伝えられそうか考えさせます。

　あるとき、「別府温泉に行ったんだけど、露天風呂ってどう言うか分かりません」と言う子どもがいました。"bath"は言えるけど、露天が言えないというのです。「露天とはどこのこと？」と聞くと、"outside"が出てきました。出来上がった文が"I went to the outside bath in Beppu."でした。正確には"outdoor (open-air) bath"となりますが、十分伝わるのではないでしょうか。このように、自分のもてる知識を総動員して考える経験を積ませることが大切です。

　この言い換えを促す際には、「既習事項やカタカナ語を使えば、何か言えるかもしれない」と気付かせるのがポイントです。もし、そうできそうにない場合は割り切って端末で調べさせます。ここは教師の匙加減です。

　［中間指導②］は、内容面と態度面に関するものです。先ほどの露天風呂の話であれば、その露天風呂の様子を詳しく話していたり、相手に露天風呂が好きかなどを尋ね、話に引き込もうとしたりしている子どもを取り上げ、どこがよいかを問いかけて気付きを促し、やり取りをよりレベルアップさせます。

　［中間指導③］は、自己調整に関するものです。言語活動は目的や場面、状況をつかめてこそ充実しますから、「何のためにそうするのか」を子ども自身が考えられるようにします。単元や本時のめあてが大切になってきます。

2 中間指導は早めのタイミングで行うようにしよう

　中間指導を行うタイミングは、授業がはじまって4分の1程度のところで行うとよいでしょう。また、授業の中で2回行うことも考えられます。活動に変化が生まれるように、子どもを見取りながら指導を繰り返すわけです。

　子どもの発言やポイントは、短い言葉や絵カードなどで板書に位置付けます。ICT端末がある今日では、自分のパフォーマンスを録画して、振り返らせることもできます。

　ここでは外国語教育における中間指導を扱っていますが、小学校の先生ならきっと他の教科でもやっているのではないでしょうか。例えば体育のマット運動でも、ただ活動させるのではなく、うまくいかない子が見受けられたらいったん活動を止め、教師や友達の模範となる動きを見せたり、こつを出し合わせたり、録画したものを確認させたりしますね。それと同じです。　　　　　（江隈）

5 英語のバリエーションを増やして聴き手を育てよう

1 よい聴き手を育てるために反応を大切にする
2 まずは教師がどんどん使っていく
3 日ごろから反応を示せる聴き手を育てる

1 よい聴き手を育てるために反応を大切にしよう

　外国語活動や外国語の肝は言語活動です。この言語活動においては、お互いの「伝えたい」「聴きたい」という気持ちをもてていることが前提となるため、会話する際の話し手や聴き手としての態度形成が必要です。

　コミュニケーションを充実させていくうえでは、特によい聴き手を育てることが大切です。お互いによい聴き方ができていれば、話し手のほうも"話してよかった"、"話が分かってもらえて嬉しい"、"自分が話していることは、おかしくなかったんだ"と思えるようになります。こうした安心感が会話を活発にし、「もっと伝えたい」という意欲を高めてくれるのです。

　そして、聴き手を育てるときに指導したいのが反応です。形式としては、話を聞きながら"I see. Good jod. Me, too."などを返せるようにすることですが、単に言えればよいということではありません。相手への共感や敬意、賞賛の気持ちをもって表現できるようになることが大切です。それが、英語を使って行う豊かなコミュニケーションとなります。

2 まずは教師がどんどん使っていこう

　インターネットなどを使って調べれば、英語の反応言葉を見付けることができると思います。その中で、子どもが使えるようになるとよいと思う英語をリストにまとめ、教師が授業でどんどん使うようにします。ほめ言葉、はげます言葉、反応言葉、マナーを守る言葉に分類して示したのが**資料2**です。

資料2　英語の反応言葉

分類	リアクション
ほめ言葉	Good. Good job. That's Right. Nice try.
はげます言葉	Close. Try again. You can do it. Nice.
反応言葉	Really? Me, too. I see. Oh, no. Why? I don't know.
マナー	Thank you. Sorry? I have a question.

実際に指導する際には、次に挙げる事柄を意識するとよいでしょう。

- まずは教師が自然な反応を示しながら会話する。
- ときには、「〇〇さん、よかったね。何と反応する？」と全員にたずね、「じゃあ、みんなで、Nice try！と言おう。せーの…」と言う機会をつくる。
- 反応しながら聴いている子どもの姿を褒めるなどして価値付ける。
- 毎時間の最初に行うSmall Talkなどを、反応を示す英語を意識して聴く活動だと位置付け、意識的に反応を繰り返す時間を設ける。
- コミュニケーションを図る活動を行った後に、自分自身の反応について振り返る時間や、ほかにも言えるようになりたい反応を示す英語を考える時間を設ける。
- 反応を示す英語の一覧を配付したり掲示したりして、子どもがいつも目にすることができるようにする。

3　日ごろから反応を示せる聴き手を育てよう

　子どもたちが反応を示せるよい聴き手になるには、外国語活動・外国語の授業における指導だけで事足りるわけではありません。ここに学級経営における指導の重要性があります。外国語であろうと日本語であろうとコミュニケーションに変わりはありません。日常的に相手の話に関心をもちながら積極的に聴けるよい聴き手を育てていくことが何よりも大切なのです。

（岩田）

6 他教科等の内容を取り入れて言語活動を充実しよう

1 子どもは、自然と他教科等の内容を結び付ける
2 他教科等の学びと連携させることで、発表に深みが出る

1 子どもは、自然と他教科等の内容を結び付けています

　言語活動を充実させるポイントには、「相手意識・目的意識」「必然性」「本当のこと」などがあります。その実現のためには他教科や行事との連携が有効な場合が多くあります。

　他教科との連携と言うと、プロジェクトを組むなど大変なイメージが浮かぶかもしれませんが、指導時期を合わせるだけでも、子どもの思考は関連付きます。学び手である子どもは、同時期に学んでいる他教科等の内容を自然と結び付け、その話題について話すものだからです（教科ごとに分けて考えがちなのは、教師のほうなのかもしれません）。

　本項では、5年生の「This is my dream day.」と家庭科や総合的な学習との連携に加え、別の単元である「Where do you want to go?」も視野に入れた流れを紹介します。

2 他教科等の学びと連携させることで、発表に深みが出ます

【もともとの外国語科：This is my dream day.】
●自分の一日の生活を紹介する。
●時刻や日課、頻度を表すsometimesやusuallyといった表現を使う。

外国語の視点だけだと、自分の1日の生活を伝えるだけになり、思考する必

要はあまりありません。ここに他教科等の視点を加えることで、自分の生活を改めて俯瞰した上で、何を発表するかをしっかり考える機会となります。

【家庭科：「家族の生活　再発見」の視点】
● 家族の一員として、自分にできることを考え実践する（お手伝い）。

【総合的な学習の時間：「環境問題〜SDG's〜」の視点】
● 未来に向かって今できることを考えて実践する。

【社会科：国土】
● 日本の地域の特徴を理解する。

【他教科等の内容を取り入れた外国語科】
● お手伝いの現状を踏まえ、頻度に課題があって家族や環境問題解決のためになるものを発表する。
● お手伝いをがんばって、家族みんなで行ってみたい都道府県を発表する。
● 「This is my dream day.」と「Where do you want to go ?」の単元を合わせて行い、最後に発表を位置付ける。
● 発表は録画し、家族に見て感想を言ってもらう。

【期待する姿】
● お母さんがお茶わんを洗う頻度が、alwaysだとする。でも、家族の一員として、僕も手伝いたいと考え、はじめはsometimesを使い、習慣化したらusually（always）を使って表現する。
● 家族のために土日に買い物のお手伝いをしているが、エコバッグを持参する頻度がsometimesなので、環境面から考えるとusuallyに変えていくと発表する。
● 「Where do you want to go ?〜行ってみたい都道府県〜」の単元の終末に、家族と一緒に行きたい場所を発表する。自分は京都に行ったことがあるけれど、いつも喧嘩をしてしまう妹が行ったことがないので、妹と一緒にお手伝いを続けて、年末に京都に行きたいと提案する。

（上江州）

7 異文化に触れて 外国への関心を高めよう

1 英語で外国の話をしてみる
2 味覚など、想像しやすいジャンルからはじめる

1 英語で外国の話をしてみよう

（写真などを使って、理解を補助する工夫をする必要がありますが）外国にまつわる話は、英語で聞くほうが不思議と雰囲気が出るものです。ここでは、取り組み例を2つ紹介します。

⑴ 子どもたちが知っている「映画」から異文化へと着想した取組

　資料3の木は、パプアニューギニアにあります。映画「天空の城ラピュタ」に登場する大きな木のモチーフになっていると言われています。例えば、当映画がTV放映された翌日などのタイミングでSmall Talkの題材にすれば、大いに盛り上がるでしょう。この木のことを知ることを通して、パプアニューギニアという国に親近感や興味をもつきっかけになるのではないでしょうか。

　また、発展的な学習として総合的な学習の時間や自主学習等の動機付けを行うことも考えられます。以前、パプアニューギニアについて子どもたちが学んだことを基に作成した国際理解の授業用スライドが、外務省サイトに掲載されています。ぜひ参考にしてみてください（https://www.mofa.go.jp/mofaj/gaiko/oda/edu/contest/2010/award/picture03.html）。

⑵ 「食」と関連付け、イメージを共有した取組

　教師が訪れたことがなくても、日本ではさまざまな国の料理を食べることができます。レシピもネットで簡単に調べることができます。例えば、資料4の写真は「ドライバンブー」で、吹き出しにある話を子どもにしました。

資料3　※1

Hello! What's this? (Tree.) That's right! This tree is a very famous for Japanese. It's an important item at Ziburi story. "Barusu" means "airplane" at Papua New Guinea. Do you know this Ziburi story? (Laputa!) That's right! This tree is going up with "Levistone, Hikoseki" at last scene "Laputa". I like Papua. Please visit to Papua.
※（　）は子どもたちの発言や反応です。

資料4　※2

What's this? Please guess. I was surprised this menu. What's made from? It is made from "Bamboo". This menu is "dried bamboo" in Laos. I tried eating. It was very delicious.

2　味覚など、想像しやすいジャンルからはじめよう

　誰もが共感できる「味覚」の話はオススメです。例えば、「スリランカで1日3食辛すぎるカレーを食べ続けて、味の違いが分からなくなりました」など、海外旅行で体験したことを伝えると、子どもたちは関心をもってくれます。実際に学校で調理してみんなで食べることは難しくても、味の感想を共有することで想像できるため、外国に興味をもつきっかけにもなります。

　大事なことは、子どもたちが共感できそうなジャンルの中から、気付きや驚きが生まれそうな内容を、あえて英語で紹介してみることです。内容がおもしろければ、子どもは考えながら聞こうとします。そうすることで外国への関心が高まり、外国語を学ぶ意義につながります。

（神田）

※1　これは何でしょう？　（木）そのとおりです。この木は日本人にとってとても有名です。「バルス」はパプアニューギニアの言葉で「飛行機」という意味です。この物語を知っていますか？（ラピュタ！）　そのとおり！　この木は、天空の城ラピュタに登場した飛行石で天高く上っていった木です。私はパプアが好きです。興味があったら、いつかパプアを訪れてみてください。
※2　これは何でしょう？　予想してください。私はこのメニューに驚きました。これは何からできているでしょう？「竹」からできています。右のメニューの写真はラオスの「ドライバンブー」という料理です。私はこの料理を注文してみました。とっても美味しかったです。

とっておきの失敗談④

　学校外の講師を招いたときの校内研修でのことです。普段一緒に英語を教えているALTが、開始直前に「どんな研修なの？」と尋ねてきました。説明すると、ALTにとっても興味がある内容だったため、「できれば私も参加したい」と言いました。このとき、私の判断では「どうぞ」とは言えない事情がありました。それは、ALTは勤務時間も勤務条件も、教員とは違うからです。

　管理職への確認をしなければと、どこにいるかを探しました。もうすぐ研修がはじまる時刻だったので、すでに管理職は着席していました。ほとんどの先生方も座っていて、すでにしーんとしていました。

　ALTには、「OKだったら合図するね」と伝え、私は身体を小さくして管理職が座る席まで近付き、ALTが参加可能かどうかを尋ねました。管理職は、「勤務とはならないが、本人がそれでよければ参加することは問題ない」と快く承諾してくれました。

　私は安堵し、会がはじまってしまうので、少し焦りながら入口で待っているALTへ「おいでおいで」とジェスチャーをしました。すると、なぜかALTは会場へ入ることなく逆方向へ進みはじめたのです。最初はトイレにでも行ったのかなと思ったのですが、どれだけ待っても戻ってきません。「どうしたのかな？　急に別の用事ができたのかな？」と不思議に思ったのですが、翌日、どういうことだったのかが分かりました。

　日本とアメリカでは「おいでおいで」のジェスチャーが違うのです。日本では手のひらを下にして「こっちにおいで」と手招きしますが、そのジェスチャーは、アメリカでは「あっちに行け」というまったく逆の意味になってしまうのです（アメリカの人は、手のひらを上にして手招きします）。

　ALTは残念がっていましたが、「文化の違いだから仕方ないよね」と納得してくれました。英語を学ぶことと共に、異文化を理解していきたいと改めて思った失敗談でした。

（上江洲）

英語の
学習評価

1 外国語活動と外国語科の評価の違いを知ろう

1 子どもをしっかり見取ることが大前提となる
2 文章表記は、情景が思い浮かぶようにする
3 パフォーマンス評価も
　子どもの励みになるようにする

1 子どもをしっかり見取ることが大前提です

　外国語活動と外国語科、どちらにおいても評価を行いますが、大きく異なることがあります。それは、外国語活動は文章表記、外国語科は数値表記という点です。

　ではなぜ、外国語活動は文章表記なのでしょうか。それは、教科等目標の表現が「気付く」「慣れ親しむ」「伝え合う力の素地を養う」となっており、数値による評価はなじまないからです。そのため、どのような力が身に付いたかを文章で表記します。それに対して外国語科は、知識及び技能等の定着が求められていることから、他教科と同様に数値で評価をします。ただし、どちらにおいてもその大前提となるのは、子どもをしっかり見取ることです。

2 文章表記は、そのときの情景が思い浮かぶようにしよう

　外国語活動の評価における文章表記を考えてみます。まず、見取るといっても、毎時間、全員の学習状況を把握するわけではありません。単元の適切な時期に評価場面を設け、評価記録を残していくのです。そうすることにより、たとえ定型文を基にしたとしても、その子に応じたメッセージになります。

　例えば、右頁の［一般的な評価例］と［ひと工夫評価例］を比べてみてください。［ひと工夫評価例］は、そのときの情景が少し思い浮かぶと思います。おうちの方と評価文を読みながら、「こんなことした」「友達のあんなこと知った」などと話したり、思い出したりしている姿を想像しながら文案を考えると

よいでしょう。

> [一般的な評価の文章記述例]
> 　Unit 4「I like blue.」では、色の言い方や、好きかどうかを尋ねたり答えたりする表現に慣れ親しんでいました。
> [ひと工夫評価の文章記述例]
> 　Unit 4「I like blue.」での「3年1組好きなものさがし」の活動では、自分の好きなものを先に言ってから相手に尋ねるなど、伝え方を工夫してコミュニケーションを図っていました。

詳細な評価例については、●〜●頁で紹介します。

3　パフォーマンス評価も子どもの励みになるようにしよう

　外国語における数値評価については、学習の様子を数字では伝えられない難しさを感じる先生や、ペーパーテストの結果だけでよいのだろうか…と悩む先生もいると聞きます。

　外国語科では話すことなどを実際にやってみる場を設け、学期に1回程度、パフォーマンス評価を行うことが提唱されています。そうする際にも、一発勝負のテストにはせず、今までの取組を踏まえた内容にしたり、できたことをその場で認めたりするなど、子どもの励みになるようにすることが大切です。

　外国語科における評価方法には下のようなものがあります。

> [聞くこと] 聞き取り問題：概要や情報を聞いたものについて考える
> [読むこと] 読んだものについて答える問題：指定されたものについて読む／アルファベットを読む
> [話すこと（やり取り）] パフォーマンステスト：ALTと／友達と／2人で／3人で
> [話すこと（発表）] パフォーマンステスト：1人ずつ／グループで／録画で
> [書くこと] パフォーマンステスト：テーマに沿ったものを書き写す／語群から選んで書く／アルファベットを書く

（黒木）

2 評価規準って どうやってつくるの?

1 評価規準は「よりどころ」、評価基準は「ものさし」
2 目標を達成した姿をできるだけリアルに描く

1 評価規準は「よりどころ」、評価基準は「ものさし」だと考えよう

　学習評価には、「評価規準」と「評価基準」という、似て非なる用語が登場します。どちらも「ひょうかきじゅん」と読むため、使い分けるために「のりじゅん」と「もとじゅん」と言います。

　まず双方の用語の違いを押さえておきましょう。

[評価規準] 指導（学習）目標を具体的に述べたもので、児童が身に付けるべき資質や能力を質的にみる「よりどころ」となるもの

[評価基準] 量的な「ものさし」として使い、知識や技能などを評価対象として、到達度で児童の学習の状況を示すもの。

※「評価についてのQ&A」を要約

https://www.nier.go.jp/zenkyou/zenkyou/03taikai/03taikai1-2/14.pdf

　国立教育政策研究所が令和2年に公表した「『指導と評価の一体化』のための学習評価に関する参考資料」（以下、「参考資料」という）では、「評価規準」という言葉が151回登場するのに対して、評価基準という言葉は登場しません。

　これは、評価の3観点のうち「思考・判断・表現」「主体的に学習に取り組む態度」は量的に測定することは困難であること、「参考資料」はあくまでも「参考」にとどまるものであり、各学校が柔軟に評価規準をつくることができるようにすることが主な理由だと考えられます。各観点の要点は資料1のとおりです。

資料1　各観点の評価規準の設定方法の要点

観点	評価規準
知識・技能	「[☆言語材料] について理解している。」と設定できます。☆に単元目標の②や④の詳細が入ります。
	「[☆言語材料] を用いて技能を身に付けている。」と設定できます。言語活動において活用できる技能を示します。
思考・判断・表現	[①] のために、[②④] について、[③⑤] できるの順で設定できます。目的や場面、状況に応じて適切にできているかどうかの姿を示します。
主体的に学習に取り組む態度	思考・判断・表現の評価規準の語尾を「〜しようとしている」に変えて設定できます。単元の目標に向けて、自己を振り返りながら学習調整している姿や言語活動に粘り強く取り組む態度の姿がわかるように示します。

※表中の①〜⑤は、本ページ下部を参照

　評価規準を設定してから、誰がどれくらいできたか判断するための量的な指標（ものさし）として、評価基準を用いるようにするとよいでしょう。

2　目標を達成した姿をできるだけリアルに描こう

　例えば「参考資料」(45頁) に掲載されている事例1「誕生日と誕生日にほしいもの」を例にして評価規準をつくるに際には、以下の①〜⑤のように単元目標を分解して考えていきます。考え方としては、資料1を参考にするとよいでしょう。

①自分のものことをよく知ってもらったり相手のことをよく知ったりするために、
②相手の誕生日や好きなもの、欲しいものなど、③具体的な情報を聞き取ったり、
④誕生日や好きなもの、欲しいものなどについて、⑤伝え合ったりできる。

　表記法としては上記のとおりなのですが、その前提となるのが、目の前の子どもたちを念頭に置き、「単元目標を目標を実現した子どもはどのような姿をしているのか」をリアルに描いておくことが重要です。
　評価の各観点は、そうした子どもたちのリアルを描くための自分への問いだと考えるとよいでしょう。そこで、まずは教師自身が目標を実現するパフォーマンスを実際に行ってみて振り返り、目の前の子どもたちにふさわしい（妥当性・信頼性のある）評価規準になっているか検証してみるとよいでしょう。　**(黒木)**

3 単元のまとまりで 評価するってどういうこと?

1 ブロックを積み上げるのではなく、
少しずつ絵に色を塗っていくイメージで取り組む
2 単元の適切な時期に評価をする

国立教育政策研究所が令和元年に公表した「学習評価の在り方ハンドブック（小・中学校編）」（以下、「ハンドブック」という）は、次のように指摘しています。

> 学習評価については日々の授業の中で児童生徒の学習状況を適宜把握して指導の改善に生かすことに重点を置くことが重要です。したがって観点別学習状況の評価の記録に用いる評価については、毎日の授業ではなく原則として単元や題材などの内容や時間のまとまりごとに、それぞれの実現状況を把握できる段階で行うなど、その場面を精選することが重要です。
>
> （下線は筆者）

つまり、学習評価は子どもたちの学力をランク付けするものではなく、授業を通じて子どもの学習状況を見取り、「難しすぎたり簡単すぎたりしていないか」「指導方法は適切だったか」を振り返りながら指導を改善するとともに、それと並行して、子どもの学習改善を促すことが重要であるということです。

子ども自身が自分の学習状況を把握し（自己評価しながら）、目標の実現に向けて学習を自己調整しながら、粘り強く取り組む態度を育むことが求められているのであり、学習評価は指導と一体化してこそ、一律の一斉指導ではない、個に応じた指導を構想することができるようになるといえます。

1 少しずつ絵に色を塗っていくイメージで取り組もう

外国語活動・外国語科においては、活動を積み上げるのではなく、単元の最後に行う言語活動に向けて、行きつ戻りつしながら、できることを少しずつ増

やしていきます。ブロックを高く積み上げていくのではなく、絵に少しずつ色を重ねて塗っていく塗り絵のイメージをもつとよいでしょう。例えば、単元の途中で、今は知識・技能がB評価に届かない子どもがいたとします。しかし、この子はまだC評価ではありません。教師が指導を工夫して、単元の最後にその子がB評価になればよいからです。つまり、単元のプロセス上は、どのような評価であっても暫定的であり、全員をB評価以上となるように指導をくり返すのです。これが、単元のまとまりを通して行う指導と評価の一体化の考え方の1つです。

2 単元の適切な時期に評価をしよう

もう1つの考え方は、単元のうちの適切な時期を設定して評価するということです。「参考資料」には、話すこと［発表］を中心領域とした単元があります（58頁）。目標は「相手に自分や第三者のことを知ってもらうために、できることやできないことについて、具体的な情報を聞いたり、自分の考えや気持ちを含めて話したりする」としています。この場合、子どもが新出表現の内容を理解し、自分でも使えるようになるのは、単元の中盤頃になってからでしょうから、それは何時かを想定しておいて評価材料を得るようにします。

また、「思考・判断・表現」や「主体的に学習に取り組む態度」の評価材料を得るのであれば、言語活動に取り組む単元の終盤あたりが適当でしょう。そうする際も、1回きりの評価で確定とするのではなく、単元を通してどの子もB評価になるように段階的に指導と評価を往還させることが大切です。

A評価については、「〇〇になったらA評価とする」と決めておくという方法もあると思いますが、それだとA評価の幅を狭めてしまうおそれがあるので、「B評価を超えるパフォーマンスが見られたらA評価とする」などと幅広にしておくのが賢明です。

「主体的に学習に取り組む態度」については、振り返りカードや言語活動の姿を見取ります。見取るポイントは「単元を通してどのように学習を調整しているか」です。「今日の授業では〇〇だったけど…」とか「次は、〇〇しようと思う」といった記述と実際の取り組みから判断するとよいでしょう。

このようにして単元のまとまりで評価するわけですが、何よりも行動レベルで単元最後の子どもの姿を思い描き、その姿に近付くように子どもを励ましたり自信をもたせたりする指導と評価を行うことが、自分自身の指導改善と子どもの学習改善につながるのです。

（黒木）

4 「指導に生かす評価」って何?

1 全体の傾向を指導に生かす
2 特定の子の見取りを指導に生かす

「指導に生かす評価」については、前項の「単元のまとまりで評価する」の中でも取り上げていますが、本項ではさらに深掘りしていきます。

「ハンドブック」で示された学習評価の基本的な3つの考え方のうち、1つ目との関連性が高いと考えます。

- ●教師の指導改善につながるものにしていくこと
- ●児童生徒の学習改善につながるものにしていくこと
- ●これまで慣例として行われてきたことでも、必要性・妥当性が認められないものは見直していくこと

1 全体の傾向を指導に生かそう

　外国語活動・外国語科の授業では、どのように「指導に生かす評価」を行えばよいのでしょうか。

　どの単元計画においても、単元目標と評価規準が掲げられ、各時間にどのような活動を行うのか、どの評価の観点からその活動の様子を見取るのかが記載されていますが、第1時からABCを付けるといった数値評価（外国語活動の評価は文章記述ですが）を行うことはしません。そこで行う評価は形成的で、「指導に生かす評価」と言われるものです。

　例えば、4年生「Let's Try! 2」Unit 3 "I like Mondays."の第1時では、曜日の言い方を知ることが目標になるでしょう。

この7つの「曜日」の英語表現は、子どもにとって、「色」の英語表現のようになじみ深いものではありません。そこで、第1時の振り返りでは、「どの曜日は聞いたり言ったりする自信が付いたのか」「難しいと感じた曜日はどれか」などについて書かせます。

　放課後、教師は子どもたちの振り返りを見ながら、「木曜日が難しいんだな」「日曜日はだいたい言えるようだな」といったことを把握し、例えば「次回は木曜日の英語表現に対して自信がもてるようにするために、別の歌を使用したり、何か関連のある別の言葉と語呂合わせしたりする活動を取り入れてみよう」などと授業を構想します。

　こうした教師自身の振り返りが、「指導に生かす評価」の1つのあり方です。つまり、「指導に生かす評価」とは、一人一人の学習状況から子どもたち全体の傾向を見取り、次の指導を考えるための評価だと言えるでしょう。

2　特定の子の見取りを指導に生かそう

　もう1つのあり方は、特定の子を見取るというものです。

　例えば、学級で学習状況が中位にある子どもの様子を見取り、その子ができていなければ他の多くの子もできていないと判断するといった考え方です。もし、「できていない」と判断される場合には、当初の単元計画を見直し、次時の冒頭で前時の授業で行った活動を取り入れてみるといった指導改善を行います。

　それとは逆に、想定していたよりもできていたと判断された場合には、やはり単元計画を見直し、今度はさらに詳しく伝えることができるようになる活動を取り入れてみるといった指導改善を行います。ただし、その場合には、「中位にある子ども」を判断基準にしてしまうと、「低位にある子ども」が取り残されてしまうので、できていない子どもでも楽しく活動できて、力を付けられる工夫を併せて行います。

　このような「指導に生かす評価」と「指導改善」の繰り返しが「指導と評価の一体化」であり、どの子も目標実現へと導いていくことにつながります。

　いずれにしても、通知表を付けるための評価ではなく、子ども一人一人の段階的な成長を後押しするための評価だと捉えておくことが大切です。　　（江隈）

5 「記録に残す評価」って何?

1 「記録に残す評価」では、評価計画を重視する
2 「記録に残す評価」は、
評価するタイミングと方法を重視する

「記録に残す評価」は総括的で、指導要録や通知表に記載する評価です。

外国語科では、他教科と同じように「知識・技能」「思考・判断・表現」「主体的に学習に取り組む態度」の3つの観点から観点別学習状況評価・評定を行い、外国語活動では文章記述で評価します。その際、外国語科の場合には5領域に分け、外国語活動の場合には、(読むこと・書くこと) を除いた3領域に分けて評価を考えます **(資料2)**。

つまり、3観点×5領域 (3領域) =15項目 (9項目) の視点で評価を行うということです。ただし、前の項でも述べられているように、毎時間すべての授業で評価を行うわけではなく、単元のまとまりで評価を行います。教師による指導という点では年間を通して15項目をバランスよく指導するというイメージをもっておくとよいでしょう。そして年度末に指導要録を作成します。

1 「記録に残す評価」では、評価計画が重要です

「評価計画」は、どの単元のどの場面・どういう方法で評価を行うかをまとめたものです。先述したように、1年間の単元全体を見通し、15項目 (9項目) の視点で評価していくことになるわけですが、こうした計画を立てるのは、年度途中で行き当たりばったりになってしまい、年度末に必要な評価材料を得られなくなってしまうことを回避するためです。そこで、単元ごとにどの観点を重視して子どもの学習状況を見取っていくのかを年度当初に明らかにしておくことが重要になるのです。

資料2

	聞くこと	読むこと	話すこと（やり取り）	話すこと（発表）	書くこと
知識・技能					
思考・判断・表現					
主体的に学習に取り組む態度					

資料3

ペーパーテスト	聞き取ったことを記述させる、慣れ親しんだ表現について何かを参考にしながら書かせるといったものがあります。一人一台端末を利用することもあります。
パフォーマンス評価	主に「話すこと【やり取り】」や「話すこと【発表】」を実際に行わせて見取るものです。学期に1回程度の実施が示されています。
ポートフォリオの活用	成果物や振り返りを見取るものです。振り返りカードを作成して、自己評価と教師による記録を活用します。

2 「記録に残す評価」は、評価するタイミングと方法が重要です

　繰り返しになりますが、記録に残すからと言って、「第1時に〇〇を指導したから、〇〇を評価して記録に残す」というわけではありません。考え方としては、「目標を達成するために〇〇という指導をするが、その指導の成果は●時間目あたりに出るので、□時間目に■■を評価する」となります。

　つまり、指導と評価を一体化させつつも、「記録に残す評価」は、子どもが単元目標を「おおむね達成できる」状況（評価規準で示した姿）になったタイミングで行うということです。

　また、「記録に残す評価」には方法も重要です。基本的に全員を同じ条件で見取れるように、**資料3**のような方法を組み合わせて行います。特に「話すこと（やり取り）」では、指導者とのやり取りも行うようにしましょう。

　毎時間行う必要はなく、その単元にあったタイミングと方法を精査して、計画的に行うことが重要です。　　　　　　　　　　　　　　　　　　　　**（江隈）**

6 パフォーマンス評価って何? どのように行えばいい?

1 パフォーマンス評価は
単元終末や学期末に同一条件で行う
2 自信を付けて終わらせるようにする

1 単元終末や学期末に同一条件で行う

　外国語活動や外国語科における「記録に残す評価」の方法の1つに、パフォーマンス評価があります。子どもが実際にやり取りをしたり、発表したりする様子を評価する方法です。

　時間数も少なく、教科ではない外国語活動では、単元終末に設定するコミュニケーション場面でパフォーマンス評価を行うのが妥当だと考えます。

　外国語科であれば、単元終末に設定するコミュニケーション場面をパフォーマンス評価と位置付けるほか、学期に1回程度、指導者と1対1で【やり取り】や【発表】を行うパフォーマンス評価を設定することが考えられます。子ども同士の実際のコミュニケーション場面だけでは、誰とやり取りするかによってパフォーマンスが変わることがあるため、同一条件とは言えないからです。

　単元終末のコミュニケーション活動でのパフォーマンス評価でも、教師と1対1のパフォーマンス評価でも、目的や場面、状況を設定し、それに合ったパフォーマンスを考えさせるようにします。子どもとそのことを共有したうえで、「どのようなことができればよいか」（評価基準）を子どもと共有するとよいでしょう。この評価基準はルーブリックと呼ばれることもあります。

2 自信を付けて終わらせるようにしよう

　指導者と1対1のパフォーマンス評価の仕方の例を紹介します（右頁）。　**（江隈）**

94

［環境］

●空き教室や廊下の突き当りなどを使用する。

　→他の子どもの声が気にならないようにする　など。

［事前指導］

●何をどのように評価するかを事前に説明する。

●入室までの待ち時間、終わってからやること等を指示する。

［実施にあたっての工夫］

●録画しておくと事後にも評価が可能となる。

　→特に複数クラスがある学校の場合は評価基準のすり合わせもできる。

●評価開始時はいつも行う会話から開始する。

　→評価されることに対して構えている場合があるのでリラックスさせる。

●言葉に詰まった場合は、教師がヒントを出すなどして、自信を失わせて終わらないようにする。

　→「テスト」として数値を出すことだけではなく、「評価」として子どものやる気や自信を育てる視点も合わせてもつようにする。

［テーマ例］

【6年生】

〈1学期〉外国の学校の友達に、自分のことを知ってもらうために、好きなことや行きたい国、地域等について、プロフィールカード等を使って発表する。

〈2学期〉クラスの友達に、自分のことをより知ってもらうために、世界と自分のつながりについて、口頭で発表し、質問に答える。

〈3学期〉先生や保護者に、自分のことをより知ってもらうために、小学校の思い出や中学校生活、将来の夢について、カードを使って発表し、質問に答える。

【5年生】

〈1学期〉初対面の外国の人に、自分のことを知ってもらうために、名前や誕生日、なりたい職業等について、カード等を使って発表する。

〈2学期〉地域外に住んでいる人が、興味をもてるように、地域内のおすすめの建物や場所、特産物について、写真等を使って発表し、質問に答える。

〈3学期〉外国からの観光客に、日本のよさを伝えるために、日本の季節や行事に自分の思いを付け加えて、ポストカード等を使って発表し、質問に答える。

7 外国語活動「聞くこと」の評価ポイント

1 評価は、目標に応じた姿に
　ある程度全員がたどり着く適切な時期に行う
2 子どもが「次もがんばろう!」と思える姿を
　想像して書く

　評価の目的は2つです。1つ目は、子どもが自分の学習を振り返って、成長したところに気付いたり、次にがんばるところを意識したりするなど、「学習改善」のためです。2つ目は、目標とする姿に子どもがたどり着くようにするための「指導改善」のためです。このように、指導と評価を一体的に捉え、目標とする姿に子ども全員をたどり着けるように指導を行うことが求められています。

　また、目標に応じた姿にある程度全員がたどり着く適切な時期に行うことが大切です。例えば、4時間構成の単元で、1時間目で評価をしないということです。コミュニケーションを行う目的や場面、状況を設定し、表現に十分慣れ親しんでから評価を行います。

　外国語活動の評価は、5、6年生の外国語科の数値による評価と異なり、文章表記で行います。評価する際には、子ども自身が「これからもがんばろう!」と思える文章表記を心がけるのが大切です。

〈単元例〉Let's Try! 2 Unit 3　I like Mondays.

⑴　**知識・技能**

[評価規準] 曜日の言い方や、What day is it? It's 〜. Do you like 〜? Yes, I do. / No, I don't.などの表現を聞くことに慣れ親しんでいる。

[評価場面] 3時間単元の3時間目：ALTが好きな曜日について知るために、ALTと担任のやり取りを聞く場面

[方法・ポイント] ワークシート及び活動の様子の見取り・具体的な情報を聞き取っているかどうか。

■**文章記述例** Unit 3では、Do you like Mondays?やYes, I do.などの表現を用いた会話を聞いて、ALTの好きな曜日と理由を聞き取って発表しました。

⑵ **思考・判断・表現**

[**評価規準**] クラスメイトやALTのことをもっと知るために、好きな曜日についての話を聞いて意味が分かっている。

[**評価場面**] 3時間単元の3時間目：クラスメイトのことをもっと知るために、教室内を歩いてペアになり、相手の好きな曜日についての情報を聞き、分かったことをワークシートにメモする場面

[**方法・ポイント**] ワークシート及び活動の様子の見取り・コミュニケーションを行う目的や場面、状況に応じて具体的な情報を聞き取っているか。

■**文章記述例** Unit 3では、友達のことをもっと知るために、Do you like Mondays?などの表現を使って、好きな曜日について尋ね合い、自分と同じ曜日が好きかどうかを予想しながら聞き、新しく気付いたことをワークシートにメモしました。

⑶ **主体的に学習に取り組む態度**

[**評価規準**] クラスメイトやALTのことをもっと知るために、好きな曜日を聞き取ろうとしている。

[**評価場面**] 3時間単元の3時間目：クラスメイトのことをもっと知るために、教室内を歩いてペアになり、相手の好きな曜日についての情報を聞き、分かったことをワークシートにメモする場面

[**方法・ポイント**] ワークシート及び活動の様子の見取り：コミュニケーションを行う目的や場面、状況に応じて具体的な情報を聞き取ろうとしているか。

■**文章記述例** Unit 3では、友達のことをもっと知るために、Do you like Mondays?などの表現を使って、好きな曜日について尋ね合い、進んでペアを見付けて相手の好きな曜日を聞き取ろうとしたり、相手の話が分かるまで粘り強く聞き取ろうとしたりする姿が見られました。

(後藤)

外国語活動「話すこと（やり取り）」の評価ポイント

1 評価は、目標に応じた姿に
ある程度全員がたどり着く適切な時期に行う

2 子どもが「次もがんばろう！」と思える姿を
想像して書く

〈単元例〉Let's Try! 1 Unit 5 What do you like?

　以下の(1)～(3)の **[評価場面]** はいずれも4時間単元の3・4時間目でクラスメイトやALTのことをもっと知ったり、自分のことをさらに知ってもらったりするために、スポーツや食べ物などについて、What do you like?やI like ～.などを用いて何が好きか尋ねたり答えたりしている場面です。

(1)　知識・技能

[評価規準] スポーツや食べ物などについて、What do you like?やI like ～.などを用いて何が好きか尋ねたり答えたりすることに慣れ親しんでいる。

[方法・ポイント] ワークシート及び活動の様子の見取り・What do you like.やI like ～.などを用いて尋ねたり答えたりしているかどうか 。

> **■文章記述例**　Unit 5では、友達やALTのことをもっと知るために、What do you like?やI like ～.など学習した表現を使って、好きなスポーツは何か友達に尋ねたりサッカーが好きなことを答えたりしました。

(2)　思考・判断・表現

[評価規準] クラスメイトやALTのことをもっと知ったり自分のことをさらに知ってもらったりするために、相手に伝わるように工夫しながら、スポーツや食べ物など好きなことや好きなものについて尋ねたり答えたりしている。

[**方法・ポイント**] ワークシート及び活動の様子の見取り・コミュニケーションを行う目的や場面、状況などに応じて、自分の考えや気持ちなどを伝え合っているかどうか。

> ■**文章記述例**　Unit 5では、友達やALTのことをもっと知ったり自分のことをさらに知ってもらったりするために、何が好きか尋ねたり答えたりする活動をしました。I like soccer.を繰り返し言うことで、相手に自分の好きなことが伝わるようにしたり、Nice！と反応して思いが伝わったことを表現したりするなど、工夫してやり取りをしていました。

⑶　主体的に学習に取り組む態度

[**評価規準**] クラスメイトやALTのことをもっと知ったり自分のことをさらに知ってもらったりするために、相手に伝わるように工夫しながら、スポーツや食べ物など好きなことや好きなものについて尋ねたり答えたりしようとしている。

[**方法・ポイント**] 活動の様子の見取り・コミュニケーションを行う目的や場面、状況などに応じて、自分の考えや気持ちなどを伝え合おうとしているかどうか。

> ■**文章記述例**　Unit 5では、友達やALTのことをもっと知ったり自分のことをさらに知ってもらったりするために、好きなスポーツや食べ物などについて尋ねたり答えたりする活動を行いました。「大事なことを繰り返して言うと気持ちが伝わる」など、友達の工夫をどんどん見つけて発表し、それを自分も取り入れようとする様子が見られました。

（後藤）

9 外国語活動「話すこと（発表）」の評価ポイント

1 評価は、目標に応じた姿にある程度全員がたどり着く適切な時期に行い

2 子どもが「次もがんばろう！」と思える姿を想像して書く

〈単元例〉Let's Try! 2 Unit 8 This is my favorite place.

　以下の(1)〜(3)の **[評価場面]** はいずれも4時間単元の4時間目で、新しいALTに自分のことを知ってもらうために、校内地図を用いて、自分のお気に入りの場所について案内したり話したりする場面です。活動に熱中する子どもの様子をつぶさに観察して学習状況を見取ります。

(1)　知識・技能

[評価規準] 教科名や教室名の言い方や、Go straight. Turn right/left. This is my favorite place.などを用いて案内したり話したりすることに慣れ親しんでいる。

[方法・ポイント] 活動の様子の見取り・Go straight. Turn right/left. This is my favorite place.などを用いて、案内したり話したりしているかどうか。

> ■文章記述例　Unit 8では、新しいALTに自分のことを知ってもらうために、地図を用いてGo straight. Turn right .などの表現を使って自分のお気に入りの場所に案内したり、This is my favorite place. This is the music room. I like music.などの表現を用いて自分のお気に入りの場所や理由について話したりしました。

(2)　思考・判断・表現

[評価規準] 新しいALTに自分のことを知ってもらうために、相手に伝わるよ

うに工夫しながら、自分が気に入っている校内の場所に案内したり、その場所について話したりしている。

[方法・ポイント] 活動の様子の見取り・コミュニケーションを行う目的や場面、状況などに応じて、自分の考えや気持ちなどを話しているかどうか。

> ■**文章記述例**　Unit 8では、新しいALTに自分のことを知ってもらうために、Go straight.などの表現を使ってお気に入りの場所に案内しました。相手の反応を見て、案内の言葉を繰り返し伝えたり、OK?と確かめたりしながらALTに伝わるように工夫しながら案内をしました。

⑶　主体的に学習に取り組む態度

[評価規準] 新しいALTに自分のことを知ってもらうために、相手に伝わるように工夫しながら、自分が気に入っている校内の場所に案内したり、その場所について話したりしようとしている。

[方法・ポイント] 活動の様子の見取り・コミュニケーションを行う目的や場面、状況などに応じて、自分の考えや気持ちなどを話そうとしているかどうか。

> ■**文章記述例**　Unit 8で、お気に入りの場所として音楽室に新しいALTを案内しました。お気に入りの理由をぜひ分かってもらおうと、楽器をもって弾く姿を見せながら伝えようとする様子が見られました。

（後藤）

10 外国語科「聞くこと」の評価ポイント

1 「聞くこと」には、「語句や表現」「情報」「概要」がある

2 目標を子どもの行動レベルで明確にして、力を付けてから評価する

1 「聞くこと」の内容には、「語句や表現」「情報」「概要」があります

「聞くこと」の目標は、次のように示されています（学習指導要領の領域別目標）。

> ア　ゆっくりはっきりと話されれば、自分のことや身近で簡単な事柄について、簡単な語句や基本的な表現を聞き取ることができるようにする。
>
> イ　ゆっくりはっきりと話されれば、日常生活に関する身近で簡単な事柄について、具体的な情報を聞き取ることができるようにする。
>
> ウ　ゆっくりはっきりと話されれば、日常生活に関する身近で簡単な事柄について、短い話の概要を捉えることができるようにする。
>
> （下線は筆者）

「内容」として、「自分のこと」「身近なこと」「日常生活に関すること」について、「語句や表現」「情報」「概要」を聞くことが求められています。漠然と「聞くこと」を捉えるのではなく、「情報」なのか「概要なのか」を教師がしっかり意識することが重要です。「When is your Birthday?」の単元で「聞くこと」の評価を具体的に示します。

2 目標を子どもの行動レベルで明確にして、力を付けてから評価します

⑴　知識・技能

誕生日や好きなもの、ほしいものを聞き取る技能が身に付いているかどうか

を評価します。

⑵　思考・判断・表現

　目的や場面、状況の設定が大切です。そのうえで、何が必要な情報かを思考・判断して聞き取ることができるかを評価します。

　知識・技能と思考・判断・表現を評価するために、校内の先生の自己紹介動画を作成し、評価材料とすることも考えられます。例えば、「校長先生の還暦の誕生日に何をプレゼントしようか悩んでいます。校長先生のインタビュー映像を視聴して、先生にアドバイスしてください」とします。記憶力を図るわけではありませんので、教科書とは違う場面を設定することが必要です。

> ［例］I'm Ikuko. My birthday is October 20th.
>
> 　　　I like yellow. I like dogs. I want a new bag.
>
> ［ワークシート記入例］校長先生の誕生日： 10 月 20 日
>
> 　　　　　　　　　　　 先生へのアドバイス： バッグをあげる
>
> ※ワークシートを用意して、書かせるようにする。

　「知識・技能」は、誕生日を聞き取ることができているので丸でしょう。ここでよく問題となるのが、思考・判断・表現は、「バッグをあげる」でよいかということです。「犬のイラストが描かれたバッグ」や「黄色のバッグ」が丸ではないかということです。これについては、評価に至るまでの指導過程が重要です。さらに言えば、そもそも単元目標をどれだけ具体で設定していたかどうかです。指導していないことを評価するわけにはいきません。目標を子どもの行動レベルで明確にして、単元を通した指導を行い、子どもに力を付けさせてから評価を行います。

⑶　主体的に学習に取り組む態度

「主体的に学習に取り組む態度」は、「思考・判断・表現」の評価規準の行動をしようとしていたかどうかで見取ることもできます。また、自分のできなかったことの改善や、意識してできるようになったことなどを振り返りに記述させておき、その後の観察で評価することが考えられます。そうするには、どうすれば「情報」を「聞くこと」ができるかを教師が授業の中で言語化して指導し、振り返りの視点を与えるようにします。

（上江洲）

11 外国語科「話すこと（やり取り）」の評価ポイント

1 「話すこと（やり取り）」の内容には、「日常生活」「自分や相手のこと」「身の回りの物」がある
2 文法的な正しさではなく、質問し合うなどのやり取り場面を評価する

1 「話すこと（やり取り）」の内容には、「日常生活」「自分や相手のこと」「身の回りの物」があります

「話すこと（やり取り）」の目標は、次のように示されています（学習指導要領の領域別目標）。

> ア　基本的な表現を用いて指示、依頼をしたり、それらに応じたりすることができるようにする。
>
> イ　日常生活に関する身近で簡単な事柄について、自分の考えや気持ちなどを、簡単な語句や表現を用いて伝え合うことができるようにする。
>
> ウ　自分や相手のこと及び身の回りの物に関する事柄について、簡単な語句や基本的な表現を用いてその場で質問をしたり質問に答えたりして、伝え合うことができるようにする。
>
> （下線は筆者）

「内容」として、「日常生活」「自分や相手のこと」「身の回りの物」について、自分の考えや気持ちを伝え、質問し合うことが求められています。

2 文法的な正しさではなく、質問し合うなどのやり取り場面を評価します

⑴　知識・技能

　例えば、When is your birthday? What do you like/want 〜 ?等を用いて、考えや気持ちなどを伝え合う技能を身に付けているかどうかを評価します。「話

資料4

話すこと（発表） （行って見たい国）	×	話すこと（やり取り） （質問への対応）	×	自己調整（見通し） （既習単元からの変化）

すこと（やり取り）」は、「聞くこと」ができていることが前提となるため、聞き取りが不十分な子どもへの指導を事前に十分行うことで、自信をもってやり取りできるようにしておくことが大切です。

(2) 思考・判断・表現

目的や場面、状況の設定が大切です。例えば、目標が「自分のことをよく知ってもらったり相手のことをよく知ったりするために、誕生日や好きなもの、欲しいものなどについて尋ねたり答えたりして伝え合うことができる」とします。

この場合、相手のことを知るために、"Do you like 〜？"と質問しているかなどを見取ります。この単元より前に学習した表現を使ったり、設定された状況を越えた内容に広げたりしているかを見て判断することもできます。

留意することは、I like dog. や I want bag. など、複数形の「s」や不定冠詞の「a」が抜けている場合がありますが、これらは「文法事項」と捉え、評価の対象としないことです。ただし、教師は、子どものこのような誤りをそのままにするのではなく、You like dogs. I like dogs, too. などと正しい形でリアクションし、子どもがその違いに気付けるように指導します。

(3) 主体的に学習に取り組む態度

「思考・判断・表現」と一体的に見取る視点で言えば、振り返りカードの記述が参考になります。

留意することは、「話すこと（やり取り）」の評価については、相手が英語が得意かどうか、普段から話をよくする相手かどうかなど、ペアになる相手によって条件が変わることが考えられます。ですので、学期に1回程度のパフォーマンス評価において、すべての子どもを同一条件で見取ることが考えられます。

その際、話すこと（発表）の領域と合わせて行うことが考えられます。自分の行ってみたい国について発表した後、その内容等についてやり取りをするイメージです **(資料4)**。

（上江洲）

第**5**章

英語の学習評価

12 外国語科「話すこと（発表）」の評価ポイント

1 「話すこと（発表）」の内容には、「日常生活」
「自分のこと」「身近で簡単な事柄」がある
2 技能をベースにして、
スパイラルで力を付けてから評価する

1 「話すこと（発表）」の内容には、「日常生活」「自分のこと」「身近で簡単な事柄」があります

「話すこと（発表）」の目標は、次のとおりです（学習指導要領の領域別目標）。

> ア　日常生活に関する身近で簡単な事柄について、簡単な語句や基本的な表現を用いて話し事ができるようにする。
>
> イ　自分のことについて、伝えようとする内容を整理した上で、簡単な語句や基本的な表現を用いて話すことができるようにする。
>
> ウ　身近で簡単な事柄について、伝えようとする内容を整理した上で、自分の考えや気持ちなどを、簡単な語句や基本的な表現を用いて話すことができるようにする。
>
> （下線は筆者）

「内容」として、「日常生活」「自分のこと」「身近で簡単な事柄」について、「内容を整理した上で」話すことが求められています。これは、何をどの順序で話せば伝わりやすいかを考えるということです。そうするには、授業中に話す順序を考える時間の確保や働きかけをしっかり行う必要があります。

2 技能をベースにして、スパイラルで力を付けてから評価しよう

(1) 知識・技能

　例えば、I/He/She can ～. Can you ～?など、自分や相手、第三者ができるこ

となどを用いて、自分の考え等を話す技能が身に付いているかどうか評価します。

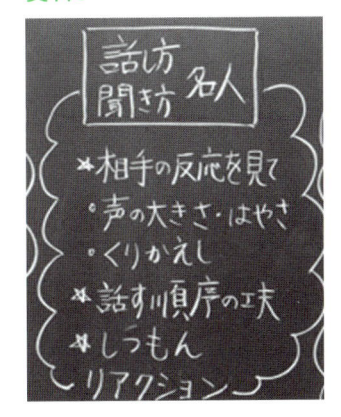

定型を押し付けるわけではなく、簡単な表現で発表できているかどうかを評価し、不十分な場合は学習改善を促すようにすることが大切です。

(2) 思考・判断・表現

目的や場面、状況の設定が大切です。そのうえで、伝える内容を整理して話しているかを評価します。その際、事前に子どもにも視点を共有することが大切です。その際、教師が一方的に作成して最初に示すのではなく、授業のプロセスでよい点を取り上げたときに、言語化してまとめていくことが考えられます。

子どもには、自分が「どのように整理したのか」を振り返りカードに書かせるようにします。その内容を確認して、実際に目的や場面、状況に合った表現ができているかどうかを評価します。

(3) 主体的に学習に取り組む態度

「思考・判断・表現」と一体的に見取る視点で言えば、振り返りカードの記述が参考になります。どのような発表をしようとしているかを評価します。

ただ、個別の状況に差が出ることも考えられ、全員を見取ることが難しい場合もあります。そこで、学期に1回程度のパフォーマンス評価が考えられます。

その際、各単元で行った言語活動を組み合わせた課題を設定することが考えられます。そうすることで、ある単元でうまく発表できなかったことを振り返り、次の単元で改善して発表しようとするプロセスとなり、子どもが自己調整や粘り強さを発揮しやすくなります。

（上江洲）

第5章 英語の学習評価

資料6

単元①	単元②
自分ができることについてカードを作成する。	あこがれの人を紹介する。

> **パフォーマンス評価**
> 自分と、自分のあこがれの人ができることを紹介しよう。

13 外国語科「読むこと」の評価ポイント

1 アルファベットは識別と発音ができるようにする
2 音声に十分に慣れ親しんだ語句を読む

1 アルファベットは識別と発音ができるようにする

　外国語科において「読むこと」とは、国語科の読解でも、気持ちを込めて文章を音読するようなものでもありません。「読むこと」の目標は、次のように示されています（学習指導要領の領域別目標）。

> ア　活字体で書かれた<u>文字を識別</u>し、その<u>読み方を発音</u>することができるようにする。
> イ　音声に十分に慣れ親しんだ簡単な語句や基本的な<u>表現の意味が分かる</u>ようにする。
> （下線は筆者）

「ア」の一文に登場する「識別」と「発音」を説明します。
「識別」とは、「エイ」と言われてどの文字がAかが分かることです。授業において、言われたアルファベットに丸を付ける場面が考えられます。「発音」とは、Aを見て「それはエイだ」と言えることです。
　授業において、自分の名前のつづりを言う場面が考えられます。この目標を実現するには、3・4年生の段階から、アルファベットを少しずつじっくり聞いたり言ったりする経験を積んでおくことが大切です。

2 音声に十分に慣れ親しんだ語句を読もう

　領域別目標の中で、この「イ」の箇所のみが「できる」ではなく「分かる」

という文末表現になっています。これは、他とは異なり、定着までは求められていないということです。

　つまり、見たことも聞いたこともない単語や表現を読めるようにさせるわけではなく、「前回の授業でやったでしょ」ということでもありません。授業で友達とやり取りや発表を十分に行い、その友達が内容について作成したポスターやパンフレットを読んで意味が分かればいいというイメージです。

【「読むこと」を評価する際のポイント】

［留意点］

● 読むことの評価も、1度で終わらせず、単元を通して行う。

● 各授業の終盤に1〜2文ずつ読むことを積み重ねることが考えられる。

［方法］

● 「知識・技能」として、文章から分かったことを書いたり、当てはまる絵を選んだりするような形式が考えられる。

● 単元の中盤で「知識・技能」を中心とした読むことの状況を評価し、終末に類似した問題で評価することが考えられる。

● 自分も書いた経験のあるものを読んで答える（どちらかというと読んだ気持ちにさせて答える）ことをしている。

● 「思考・判断・表現」と「主体的に学習に取り組む態度」の問題として、自分だったらこの文にどんなことを書き足すとよりよい文になると思うか等の形式が考えられます。※解答は、英語で書いてもよいが、英語を「読むこと」を評価するためのものなので日本語で書くことを基本とする。

［工夫］

● 問題文の内容は、学年の先生、指導者のことを扱い、1つでもいいから多くの子どもたちに知られていないことを入れて、読んでちょっとした発見があるようにする。

（例）実は趣味が〇〇、すごく苦手な食べ物は▲▲など

　読むことのイの目標は「分かる」です。「読むこと」に少しでも楽しく慣れ親しみ、もっと英語を読んでみたいと思う子どもたちを育てたいところです。

（黒木）

14 外国語科「書くこと」の評価ポイント

1 大文字・小文字を四線上に
書くことができるようにする
2 語順を意識しながら書き写すことができるように
する（文頭は大文字、語と語の間のスペース、ピリオド等を含む）

1 大文字・小文字を四線上に書き、語順を意識しながら書き写すことができるようにしよう

「英語を書いてみたい」「書けるようになりたい」と思っている子どもは多くいます。なんとなくかっこいい感じがするのかもしれません。「書くこと」の目標は次のように示されています（学習指導要領の領域別目標）。

> ア　大文字・小文字を書くことができるようにする。また、語順を意識しながら音声で十分に慣れ親しんだ語句や表現を書き写すことができるようにする。
>
> イ　自分のことや身近で簡単な事柄について、例文を参考に、音声で十分に慣れ親しんだ簡単な語句や基本的な表現を用いて書くことができるようにする。
>
> （下線は筆者）

この文言から分かるように、英作文をすることは求められていません。では、具体的にどんなことが求められているのでしょうか。

「ア」に示されたように、「大文字・小文字を書く」ことが1つです。それも、四線上に書くことです。「k」のように、形は似ていても、四線上の高さが違うといったことを表現できる必要があります。

また、「語順を意識しながら」ということについてです。「私は犬が好きです」と「I like dogs.」のように、日本語と英語では語順が異なります。ただ、これについては、「書き写すことができる」となっており、まったく何も見ずに書

くことまでは求められていません。

「イ」で示されている段階としては、丸写しではなく、例文を参考にすること、つまり"I like"までは示してあって、その続きは自分で選択して書くといったレベルが求められているということです。

2 「書くこと」を評価する際のポイント

　書くことは単調な繰り返し学習になりがちですが、「相手に伝えるために」「相手にプレゼントするために」など、目的や場面、状況を設定することが大切です。素振りばかりしているのではなく、実際に練習試合をしながら、間違いや修正を繰り返してコツをつかんでいけるような感覚と同じです。

　アルファベットの正しさも含めて、「書き写す」「参考にする」というレベルではありますが、子どもが間違いやすいポイントを理解しておき、指導を積み重ねることが大切です。

「知識・技能」については、次の視点で見取ることが考えられます。

> ①文の最初は大文字になっているか。
> ②単語はひとまとめにして書けているか。(likeの4文字が固めてあるか)
> ③四線上に正しく書けているか。
> ④文の最後にピリオドを付けているか　など。

「思考・判断・表現」については、コミュニケーションを行う目的や場面、状況に応じた内容を、語順や単語と単語の間のスペースなどを意識しながら、見本と同じように書き写しているかどうかなどで判断することができます。

「主体的に学習に取り組む態度」については、相手に伝えるための工夫をしようとしているかも含めて、自己調整などの側面をワークシートの記述等から見取ります。

「書くこと」に関しては、間違いが明確になります。その際、直接指摘するだけではなく、書いてあるものを教師が読んで、間違えや改善点を子どもに促すことも考えられます。

「読むこと」と同様、「書くこと」も一度で評価するのでなく、単元を見通して評価し、力を付けていけるようにするとよいでしょう。

(黒木)

とっておきの失敗談 ⑤

　みなさんは、Procrustean bed（プロクルステルの寝台）ってご存じですか。捕らえた旅人を自分の寝台に寝かせ、身長が短すぎると槌で叩いて引き延ばし、長すぎるとはみ出た分を切り落としたというギリシャ神話の怖い話で、杓子定規で無理やり何かをさせる意味で使われます。そんな状態に自分自身がなっていたと気付いたエピソードです。

　学生時代に発達心理学や教育心理学を学んできた私。卒業後も「子どもを主語に」「子ども中心の授業」を考えてきました。自分の考えた枠組みで活動を積み重ねれば、学習が充実し学力も上がるだろうと信じて。

　そんなあるとき、ある先生の勉強会で伊那小学校（長野県）の授業を参観する機会を得ました。「子どもは、自ら求め、自ら決め出し、自ら動き出す力をもっている存在である」という子ども観をもつ学校です。

　ある学級では、班でメダカのお世話をしていました。その様子は、「もっと水草を入れたら」「水を替えたら」などと口を挟みたくなる状況です。でも、先生は何も言いません。すると、子どもたちは「どうすればメダカの環境がすみやすくなるか」と真剣に意見を交わしはじめます。その姿を見て、ふと我に返りました。"私は子どもが気付く前に自分の価値観で正解を与えていて（大人の経験で枠組みを与え）、子どもが迷ったり、考えたりできる自由な発想を出させる機会をつくっていない"と。

　当時の私は、子どもが初めて出合う言葉や表現が、外国語活動・外国語科ではたくさん出てくるので、まず言葉を確実に押さえないと思考・判断・表現ができないと思い込んでいたのです。

　でも今は、"子どもの知りたい感を高めてから言葉と出合わせたほうが、子どもの意欲と学びに少し寄りそえるのではないか"と考えて実践しています。そのほうが、より自分ごとで学び、言葉そのものに興味をもつ子どもが増える気がしますし、私も自由な子どもの発想や視点の面白さを楽しむことができています。

（黒木）

第 6 章

Q & A

Q 1 発表を恥ずかしがる子どもが多い…

A 発表形態をひと工夫して発表するハードルを下げよう

　みなさんは人前で発表するのは得意ですか？　教師として、子どもに何かを伝えるのは得意だとしても、同僚の教師相手であればどうでしょう。ましてや、「英語で発表してください」と言われたら…。発表するのを恥ずかしがる子どもも同じ。大切なことは、教師自身が、子どもの気持ちに寄り添い、ジブンゴトとして考えてみることだと思います。

(1)　教師の発表にNoを言わせる

　人前で発表をすることを難しいと感じる子どもは、どんなふうに発表すればよいかイメージが湧いていないということが考えられます。そこでまず、発表を見たり聞いたりすることが学習だと想定し（意図的に足りない部分をあえて盛り込み）、教師自らが発表を見せてみるのがオススメです。

　そうすることで、子どもたちに"これくらいからはじめていいんだ"という気持ちをもたせ、"もっとよくなることを探してみよう"という「見る視点」を与えて改善点を探させることができます。そうすれば、「これなら自分もできる」という気付きにつなげられるでしょう。

　そのうえで、「どんなことを追加したら、この単元のめあてに近付くか話してみよう」と投げかけ、ペアで意見を出し合うのもよいでしょう。「こういう話題を出すといい」「もう少し笑顔で話せばいい」「質問を加えるといい」といった意見が出たら価値付け、子どもが自己決定できるようにします。

　発表のイメージがもてるようになってきたら、まずは、2人組で相手を替えながら聞いたり言ったりする機会をつくります。その際、うまく言えたかではなく、言えたこと自体を評価します。まずは、聞き慣れる、言い慣れる、相手に向けて話してみるという経験を積み重ねることが、恥ずかしがらずに発表できるようになる近道です。

(2)　発表形態をひと工夫して発表するハードルを下げよう

　一口に「発表する」といっても、全員の前で話すだけが発表ではありません。そこで、発表することのハードルを下げるため、次のように発表形態を工夫す

ることも考えられます。

【ペアで】1対1で話す方法です。今はどちらが話し手なのか聞き手なのか、明確にしておくとよいでしょう。お互いに話したらフィードバックする時間を設けます。隣をペアA、前後をペアB、斜めをペアCなどにして、「相手が替わるとスピーチの展開が変わっていく」ことを共有し、気楽に楽しく発表することを伝えます。すると、子どもたちは相手からも学びながら言葉を増やしていくことでしょう。

【班で】スピーチ席をつくります。その席に座って順番に話します。隣り合わせのグループとは、スピーチ席の向きを変えておくと、お互いに声が聞き取りやすくなります。また、評価シートを用意するなど、フィードバックできる機会を設け、1回の発表で終わりにするのではなく、繰り返せるチャンスをつくると、さらにハードルが下がることでしょう。

【伝える相手を選んで】子どもたちが伝える相手を選び、発表できるようにするのもよいでしょう。最初は席が近くの友達、次に教師、最後にALTとするなど、子ども自身が考えることでしょう。自己選択、自己決定できる機会を設けることで、前向きにチャレンジできるようになっていきます。

【ICT端末で】ICT端末を使用し、スピーチを録画したり録音したりして提出させる方法もあります。この方法であれば、自分が納得するまで何度も音源を聞きながらやり直すことができます。まずは、発表するハードルを下げるためのICT端末活用によって英語を話すことに慣れ、最終的には他者と対面でコミュニケーションを図れるようにするというプロセスにするということです。

（繰り返しになりますが）何よりも、子どもの「恥ずかしい」と感じる気持ちに共感し、どんな経験を積み重ねれば発表しやすくなるかという視点で考えていくことが大切だと思います。 （黒木）

中間指導で「言いたい英語」を発表する子どもが少ない…

心理的安全性を確保し、子どもにとっての必要感を見取ろう

　子どもたちが言語活動を重ねていく過程で、活動と活動の間で教師が指導を行うことを中間指導と言います（詳しくは、74、75頁）。「言いたかったけれども、言えなかったことはどんなこと？」が定番の言葉ですが、高学年になるにつれて、発表する子どもが少なくなる傾向があります。

(1)　心理的安全性を確保しよう

　高学年になるにつれて意見が出てこない理由の一つに、「おかしなことをしてしまって嫌な思いをしたくない」といった恥ずかしさや不安感があります。そこでまずは、心理的安全性を確保することを心がけましょう。

　そのための方法として挙げたいのが、「先生もよく分からないんだけど…」と自己開示したり、失敗談を語ったりすることです。子どもたちに、「分からなくていいんだよ。失敗してもいいんだよ」と"言う"のではなく、先生が分からない姿や失敗する姿を"見せる"のです。子どもは、先生が言ったことよりも、やったことのほうを覚えているものです。

　また、「英語だと、どんなふうに言うかな？」などと投げかけて子どもに考えさせることも大切ですが、年度当初であれば「簡単な日本語に言い換えたらどうなる？」という投げかけからはじめると、活動に参加しやすくなります（例：「私の推し」→「好き」）。

　長い目で見れば、こうしたステップを踏むことが非常に重要です。「言いたいことが言えない」とき、簡単な日本語にすることによって、言える英語を自分で見つけられる可能性があるからです。また、協働的な学びを通して、個別に思考を働かせる機会ともなります。

(2)　子どもにとって必要かどうかをしっかり見取ろう

　たずねるタイミングも重要です。例えば、子どもは何か困ったそぶりを見せたとしても、友達とのやり取りの中ですでに解決しているかもしれません。そうした状況にあっても、教師が指導案どおりに進めたいばかりに中間指導をはじめてしまえば、せっかく子どもたちがのってきて自らコミュニケーションを

図ろうとしているのを邪魔してしまうかもしれません。

　また、長い中間指導を入れることで、その次の言語活動がスムーズに行われにくくなることもあります。実際、教師がいきいきと長々と語り続けていると、誰のための中間指導なのかがわからなくなります。

　中間指導は、次の言語活動が円滑に行われるよう、子どもたちのために行うものです。子どもの様子をしっかり見取ってから「何のために」「どのタイミングで」「この指導をするのか」を意識して行うことが大切です。子どもにとって、そうすることの必要感があり、適切なタイミングであれば、子どもは進んで発表することでしょう。

⑶　中間指導にはいろいろなやり方があっていい

「言いたい英語」が言えるように、教師はモデルを提示したり指導するわけですが、それがすべてではありません。子ども同士で「こうすればよくなる」とアドバイスし合ったり、ICT端末を使って自力解決したりすることもあります。そこで、そのための時間を確保し、その後に、子どもたちがどんなことを調べたり気付いたりしたのかを取り上げて中間指導を行うのもよいでしょう。

　ほかにも、「こんな言葉を入れるとちょっとかっこいい」「この言い回しは便利だよ」などと言って、新しい言葉を取り上げるのもアイディアの一つです。その際、言葉を選ぶのはあくまでも子どもたちですから、「使えたら使ってみるのもいいね」と付け加えます。

　1度聞いたからといって、すぐに使えるようになるわけではありません。そこで、1回で伝えて終わりにするのではなく、他の活動中に教師が繰り返し使ったり、次の時間の言語活動の前に意図的に紹介したりしながら、じわじわと浸透させていきます。

　いずれにしても、子どもたちが「言ってみたい」「伝えてみよう」と思える気持ちを大切にして、間違えながら、考えながら、学級みんなで考える楽しさを味わえる学習にしていけたらと思います。

（黒木）

第 **6** 章

Q&A

 **塾などで英語を習っている子どもが つまらなそう…**

 目的や場面、状況を設定して、本物の気持ちを引き出そう

　"もう、こんな英語知っているもん"と、塾などで英語を習っている子どもが授業中につまらなさそうにしている…教師としては、何とかしたいと感じることでしょう。そのために行いたいのが、目的や場面、状況を設定することです。

(1) 目的や場面、状況を設定する

　外国語活動・外国語が目標に掲げているのは、「コミュニケーション能力を育成する」ことです。「英語を話すこと」自体ではありません。つまり、外国語活動・外国語の学びにおいては常に、他者とのコミュニケーションを必要とするということです。

　そこで、「話すこと」の活動であれば、「誰」に話すのか（相手意識）、「なぜ、どのような場面や状況」で話すのか（目的意識）などを設定し、子どもと共通理解を図ります。そうするだけでも、「外国語活動・外国語の学習では、英語を知っている・使えること以上に大切なことがある」ことを子どもは理解します。

(2) 本物の気持ちを引き出す一工夫

　次に挙げる二つの活動を比べてみましょう。

［活動①］友達に欲しいものを尋ねる活動

T：今日は「カード集めゲーム」をしましょう。 じゃんけんで負けた人は、What do you want?と尋ね、勝った人は、I want 〜.でカードを一枚もらいましょう。たくさん集められるのは誰でしょう。

S1：（じゃやんけんで負け）What do you want?

S2：（勝ち）I want a dog.

［活動②］友達に誕生日に欲しいものを尋ねる活動

　最後に、クラスで誕生日に欲しいもの図鑑をつくる。

T：Hello, everyone. It is February 1st. My birthday is February 10th. I want a new rugby shirt. What do you want for your birthday?

> S1：Hi, Hiroshi. What birthday present do you want?
> S2：I want レゴブロック. I like レゴブロック.
> S1：Oh, you like レゴ. Me, too

　［活動①］も［活動②］も「欲しいものを尋ねる活動」に変わりありません。違いは、「誕生日」であること、「欲しいもの図鑑をつくる」ことにあります。これらを付け加えることで、目的意識が明確になり、"コミュニケーションを図ろう"と思う相手意識が高まります。

　実際、この活動において使う英語そのものは、塾などで習っている子どもにとっては簡単でしょう。しかし、「友達は誕生日にどんなものを欲しがるか」を知るのは簡単なことではありません。ここに、この活動のよさや面白さ、活動を行う必然性が生まれるのです。このように、子ども理解に立ち、子どもの本物の気持ちを引き出す一工夫を加えましょう。

(3)　子どものつながりの中で外国語活動や外国語は成り立っている

　最後にクラスの欲しいもの図鑑を実際に作成し、子どもに提示します。すると、「自分たちのクラスでは〇〇が人気なんだ！」というものが明らかになります。一方、「〇〇は、ゆみさんだけがほしいものだ」とその子らしさが出るものも明らかになります。ここが教師の本領発揮の場面です。「先生は、ゆみさんが〇〇が好きだと知らなかったな。みんな、どう？」「ゆみさん〇〇はどうして好きなの？」「へぇ〜そうなんだ。今日の活動を通して、ゆみさんやみなさんの知らない一面が知れてとても嬉しかったです。みなさんはどうでしたか？」と広げていきます。

　外国語活動や外国語では、子どもが自分の気持ちや思いを伝え合う言語活動を軸に学習を進めます。だからこそ、英語を習っているかどうかにかかわらず、活動そのものを楽しめる"温かいつながり"が生まれるのです。　　　　　　（岩田）

 苦手だからこそ、コミュニケーションのモデルになれる

「英語が苦手だ」と感じている小学校の先生は少なくないようです。「どうしてそう思うのですか？」と尋ねると、およそ次のような回答があります。

「語と語がくっついて話されると、何となくこうかなとは思うものの、はっきり意味が分からないので、ALTとのやり取りに自信がない」

「単語は言えても、文章は出てこないし、正しさはかなりあやしい…」

「三単現のsや、時制の一致など、文法がよく分からなくて…」

そうした反応に対して「小学校英語の教師として、『苦手である』ことはデメリットというほどのことではなく、むしろチャンスだとも言えると思いますよ」と伝えています。

(1) 苦手だからこそ、コミュニケーションのモデルになれる

ALTとの英語でのやりとりを流暢に行っている教師を見るたびに、「すごいなぁ。私には難しそうだ」と感じていたのは、ほかならぬ私自身です。それが、あるALTから言われた一言で意識が変わったように思います。

「リアクションを上手にできたら、会話が弾むよ。まず、相手の言葉を繰り返すリアクションをしてみて！」

例えば、初対面の人に「どんなスポーツが好きですか？」と聞かれて、「野球です」と答えたところ、「へー、野球なんだ！」と言われて会話が弾むことがあります。これを英語でするわけです。「What sports do you like?」「I like baseball.」「Oh baseball.」「You like baseball.」

相手の言葉を繰り返すリアクションは会話を弾ませ、コミュニケーションを豊かにしてくれます。相手が伝えていることを受け止めている合図になるからです。つまり、相手が言ったことを繰り返すことを通してリアクションできれば、英語が苦手でも会話は成立するということです。

また、授業では、ALTなどとのやり取りを通して教師がモデルを示すことがありますが、このモデルは何も優れたモデルである必要はありません。自らたどたどしいモデルを示し、ALTからよい表現を指摘してもらえばよいわけです

から。実際、子どもの
ほうも、流暢に英語を
話せる教師より、たど
たどしくありながらも
一生懸命に英語を話そ
うとする教師のほうに
親近感をもつものです。
つまり、「先生もがん
ばっているし、自分も
がんばってみよう」と

子どもが思ってくれるのです。つまり、英語が苦手な教師は、英語話者のモデル
ではないけれど、コミュニケーションや学習者のモデルになれるということ
です。

⑵　まずは繰り返し、一言付け加える

　私はまず、相手の言ったことを繰り返すことからはじめ、その次に「It's
nice.」「Me, too.」といった言葉を一言付け加えることを心がけるようにしま
した。さらに会話を続けるために、関連することを質問するようにしてみまし
た。すると、2往復、3往復と会話が続き楽しくなってきました。これをリア
クションレベル1・2・3に分けてみました（資料を参照）。

　英語が苦手であったはずの私が会話を楽しめるようになったということは、
子どもにも効果があると考え、このレベル別のリアクションをワークシートに
まとめて子どもに共有しました。

　すると、子どももどんどんリアクションするようになり、6年生になるころ
には、相手が言いよどんでいると、質問で助けてあげる子も出てくるようにな
りました。これは、私が英語を苦手にしていたことではじめた工夫が、子ども
のコミュニケーション能力に資することができた例だと思います。　　（上江洲）

第6章 Q&A

 **もっとよい授業がしたいんだけど…**

 よい授業のイメージをもち、情報を集め、実際にやってみる

　今の授業より、もっとよい授業がしたいという気持ちは誰にもあるものです。ただ、思っているだけでは変わりません。よい授業のイメージを具体的にもち、情報を集め、実際にやってみることが改善の道筋となります。

⑴　よい授業のイメージをもとう

　まずは、「よい授業とはどのようなものか」「その授業では、子どもはどんな姿をしているか」を自分なりに想像してみます。例えば、たくさんのゲームを取り入れれば、子どもは楽しく活動するでしょう。その一方で、振り返りを書かせれば、「ゲームが楽しかったです」という以外の振り返りは、ほとんど見当たらないはずです。

　授業において「楽しく活動する」とは「楽しく学ぶ」ことにほかなりません。子どもが「分かった」「できた」「もっと知りたい」「もっとできるようになりたい」と前向きになれたとき、その学びは楽しい活動であるだけでなく、楽しい学びとなります。そのような学びが生まれる授業で子どもは何をしているかを具体的にイメージすることが改善の第一歩となります。

⑵　情報を集めよう

　ただ、そうは言っても、想像力を駆使するだけでは、授業イメージに具体性を付与することは難しいでしょう。そこで次の段階は情報収集です。インターネットを活用するのであれば、以下に挙げるサイトが役立つでしょう。

●文部科学省mextchannel
https://www.youtube.com/user/mextchannel
たくさんの動画や資料があるので、表題から選んで視聴してみましょう。
●Plant 全国教員研修プラットフォーム
https://www.nits.go.jp/service/plant/
所属教育委員会が参加していればログイン可能です。
●各自治体作成の授業動画

［例］大分県教育庁チャンネル

https://www.pref.oita.jp/site/movie/list21555-25336.html

●全国小学校英語教育実践研究会

https://www.zensyoei.jp/

会場校で授業を参観したり、実践発表を聞いたりすることができます。

●全国英語教育研究団体連合会

http://www.zen-ei-ren.com/

小中高の授業が、大きなホールのステージで順番に行われます。

●日本児童英語教育学会

https://jastec.smoosy.atlas.jp/ja

●小学校英語教育学会

https://www.e-jes.org/

理論と実践をつなぐ学びがあり、自分の取組を俯瞰することができます。

⑶ 実際にやってみて改善する

　最初からうまくいくわけではありませんから、焦らず少しずつ授業を改善していきます。その改善サイクルを回すには、他者と授業を見せ合いながら協働的に語り合うことに尽きます。

　それと、略案でよいので指導案を書いてみることです。自分の考えを言語化することで、授業展開に無理がないか、子どもの実態とかけ離れていないかなどを検証し、整理するのにたいへん役立ちます。そのような意味で、「他者に見せる指導案」ではなく、「自分の頭を整理するための指導案」だと考えるとよいでしょう。

　さらに、授業を見てくれた教師からぜひコメントをもらってください。課題を指摘されると少し悲しい気持ちになりますが、それも含めて「自分がよいと思える授業」に近付くためのプロセスにほかならないのですから。　　　　（江隈）

おわりに

　この「おわりに」を読んでいるのは、ざっくり読んだ後でしょうか。それとも、実践をしながら本書を羅針盤のように使った後でしょうか。いずれにしても、ここまで読んでくださり、ありがとうございます。

　英語は、「人と人をつなぐコミュニケーションの道具」として、子どもたちに教えます。これは、私たち大人にも同じように当てはまります。実は本書の執筆陣は、かつて同じ小学校英語の研修に参加した仲間です。研修では、それぞれが異なる背景や悩みを抱えながらも、互いに学び合い、支え合い、研修後も深いつながりを長い間築いてきました。その絆が、この1冊を生み出す原動力となりました。

　英語という母語ではない言葉でお互いの思いや考えを伝え合おうとするからこそ、普段は気付かない新たな発見や成長が生まれていきます。小学校英語は、そんな「つながり」を育んでいく絶好の場です。

　ただ、授業という旅路において、「完璧な道筋」は誰にも見付けられません。しかし、困難な場面で「どう工夫するか」や「どう進むか」を考え抜く力が、教師としての成長を後押しします。その経験があなた自身にとって実り多い場となることを願っています。

　本書が、その旅の「地図」や「羅針盤」として役立つなら、著者一同、これ以上の喜びはありません。これからも、小学校英語の充実に向けて、一緒に歩みを進めていけたらと思います。

　本書の編集にあたっては、東洋館出版社の高木氏にたいへんお世話になりました。7人の多様な書きぶりを1つにまとめる作業を丁寧にしていただいたことに、心より感謝申し上げます。

2025年1月

岡山県教育庁義務教育課学力向上対策班総括副参事　　江尻寛正

編著者紹介

*所属は2025年1月現在

江尻寛正 (えじり ひろまさ)

岡山県教育庁義務教育課学力向上対策班総括副参事

京都府、東京都、サンパウロ日本人学校、岡山県で小学校教諭を務めた後、指導主事として小学校英語やGIGAスクール構想等を担当。文部科学省初等中等教育局教育課程課外国語教育推進室専門職を経て、現職。熊本大学大学院でインストラクショナル・デザインを学び直し、新たな教師の学びの姿の実現に向けて教員研修の改善に取り組んでいる。令和6年度NITSフェロー(「学び合いのコミュニティ」形成支援)や「指導と評価の一体化のための学習評価に関する参考資料」(国立教育政策研究所)調査研究協力者、NHK for School の番組委員等を歴任。

執筆者一覧

後藤恵子

仙台市立幸町南小学校教諭

仙台市外国語活動・外国語科教科指導員、仙台市小学校教育研究会外国語部会研修副部長を拝命。「聞きたい！」「話したい！」と子どもの心が動くような言語活動をしくみたいという思いで、仙台市の先生方と共に研究を続けています。好きなことを伝え合う喜びや嬉しさを味わえるような授業づくりを大切にしています。

上江洲育子

沖縄県中城村立中城南小学校教諭

沖縄県小学校外国語授業改善アドバイザーを経て、現在、沖縄県中頭地区小学校外国語主事補。『言語を捉えさせ、コミュニケーションを通して人との繋がりを大切にすること』をモットーに外国語を研究、実践しています。外国語がコミュニケーション力を育てる教科であることから外国語教育の虜になりました。そのおかげで外国語を通してたくさんの人と繋がることができています。

黒木　愛

筑波大学附属小学校教諭

令和6年度より外国語専科として勤務。小学校英語教科書編集委員（東京書籍）TGG運営指導委員、ELEC同友会英語教育学会理事

児童が英語を使って進んで考えや気持ちを伝え合う姿に感銘を受け、日本の小学校文化を大切にした外国語教育について研究を重ねています。日々の楽しかったことや美味しかったもので話したくなる教材づくりを目指しています。

江隈美佐

大分県大分市立下郡小学校指導教諭

大分市授業力向上アドバイザーとして、市内56校への巡回訪問で外国語活動の飛び込み授業を実施。学級担任の経験を生かし、外国語の学習で友だちと繋がったり、他教科の学習と関連させたりすることを大切にしています。すぐには日本語に訳さず、児童が「英語が分かった。」と感じるように、毎日表情や身振りを駆使して汗だくで授業中。

神田多恵子

新潟県新潟市立小針小学校教諭

新潟市立小針小学校、両川小学校で外国語専科として勤務。「英語は多くの国の人と気持ちを伝え合える魔法の言葉。『世界』と友達になろう」を合い言葉に、伝え合う喜びを実感できる授業改善をめざしています。香港日本人学校勤務時や今まで旅をした40か国以上で自分の目で見て感じた世界の姿を授業で伝えています。世界と子どもたちとの距離を縮められるよう、楽しく授業します。

岩田悠作

熊本県玉名市立玉名町小学校教諭

一番の関心は、学級経営。熊本県、ロンドン日本人学校と勤務しながら、児童・保護者・教師にウェルビーイングな教室、学校を目指してきました。外国語教育と学級経営のつながりを大切にしています。人とつながる喜びは世界共通。そこに欠かせないコミュニケーション能力（日本語、英語を問わず）の育成が少しでもできればと、実践を重ねる毎日です。

カスタマーレビュー募集

本書をお読みになった感想を
下記サイトにお寄せください。
レビューいただいた方には
特典がございます。

https://www.toyokan.co.jp/products/5781

LINE 公式アカウント

LINE 登録すると最新刊の
ご連絡を、さらにサイトと
連携されるとお得な情報を
定期的にご案内しています。

はじめての英語

2025（令和7）年3月21日　初版第1刷発行

編 著 者：江尻寛正
発 行 者：錦織圭之介
発 行 所：株式会社東洋館出版社
　　　　　〒101-0054　東京都千代田区神田錦町2丁目9番1号コンフォール安田ビル2階
　　　　　営業部　電話 03-6778-4343　FAX 03-5281-8091
　　　　　編集部　電話 03-6778-7278　FAX 03-5281-8092
　　　　　振　替　00180-7-96823
　　　　　U R L　https://www.toyokan.co.jp

装丁・本文デザイン：mika
キャラクターイラスト：藤原なおこ
印刷・製本：藤原印刷株式会社

ISBN　978-4-491-05781-1
Printed in Japan

授業づくりの基礎・基本をぎゅっとまとめた
「はじめて」シリーズ！

はじめての国語
茅野政徳・櫛谷孝徳 著

はじめての社会
宗實直樹 著

はじめての算数
森本隆史 編著

はじめての理科
八嶋真理子・辻 健 編著

はじめての図工
岡田京子 著

はじめての体育
齋藤直人 著

はじめての英語
江尻寛正 編著

はじめての道徳
永田繁雄・浅見哲也 編著

不安な教科・苦手な教科も
これ1冊あれば安心！